Das Buch
Auf die Frage nach dem *Sinn des Lebens* geben die weltbe-
rühmten Anarcho-Komiker in ihrem letzten Film erschöp-
fende Antwort – auch wenn die Erschöpfung eher von
den überstrapazierten Lachmuskeln der Zuschauer her-
rührt. Gleich zum Auftakt wird dem bedauernswerten
Mr. Bloke die Leber aus dem Wanst geschnitten – Monty
Python's Statement zum Thema »Organtransplantation«.
Für die geheimen Helden des Filmes – die Fische – mag es
tröstlich sein, daß auch sie ein Jenseits erwartet, das allerdings einem desorganisierten Hotelbetrieb gleicht. Zum
Weihnachtsfest, das im Himmel der Fische täglich gefeiert
wird, trägt eine Entertainerin den ultimativen Song zum
Lebenssinn vor, der in einem beherzigenswerten Rat-
schlag gipfelt: »Lesen Sie hin und wieder mal ein gutes
Buch . . .«

Die Autoren
Monthy Python bestand aus Graham Chapman (†), John
Cleese, Terry Gilliam, Eric Idle, Terry Jones und Michael
Pallin. Mit ihrer Fernsehsendung *Monty Python's Flying
Circus* begründeten sie Ende der 60er Jahre eine neue Art
von Komik – eine Mischung aus gelehrter Anspielung, ab-
gründigem Scherz und greller Geschmacklosigkeit. Welt-
berühmt wurden sie vor allem mit ihrem Kinofilm: *Das
Leben Brians*.
Als Heyne-Taschenbuch ist außerdem erschienen: *Das Le-
ben Brians* (01/8856).

MONTY PYTHON

DER SINN DES LEBENS

Drehbuch

Aus dem Englischen
von Bernd Eilert

WILHELM HEYNE VERLAG
MÜNCHEN

HEYNE ALLGEMEINE REIHE
Nr. 01/9547

Die Originalausgabe
THE MEANING OF LIFE
erschien 1983 bei Methuen Ltd., London

INHALT

Ein Vorwort der Herausgeber

Obwohl vornehmlich an ein Publikum von Fischen (die, das muß man klar sehen, über vierzig Prozent aller existierenden Wirbeltiere ausmachen) gerichtet, umspannt Monty Pythons Film *Der Sinn des Lebens* den ganzen Dunstkreis menschlicher Erfahrung.

Es beginnt mit der Geburt eines (speziell aus der Sicht eines Schellfischs) scheinbar unbedeutenden menschlichen Wesens, das sich, soviel ist sicher, anschickt, im Verlauf des Films keine Rolle mehr zu spielen. Trotzdem schafft es der Film, sich über rund neunzig weitere Minuten hinwegzuschwindeln (das entspricht ungefähr sechs Jahren, falls Sie ein Weißfisch sind!) – ein Zeitraum, in welchem er Themen umkreist, die Süß- und Salzwasserfischen gleichermaßen am Herzen liegen, als da wären: der Große Graben, der die Ökomene in bezug auf ihre Haltung gewissen Formen der Verhütung gegenüber durchzieht – und Sexualkundeunterricht an unseren Schulen.

Für Menschen gedacht ist der fortlaufende Kommentar sechs namhafter Fische, eine Episode des populären Spiels mit Zuschauerbeteiligung *Finde den Fisch* – sowie eine Szene zur Demonstration des Risikos beim Verzehr von Dosenfisch. Aber um ganz ehrlich zu sein: Wenn Sie vorhaben sollten, sich den Film anzuschauen, und Sie *sind* ein Mensch, wären Sie gut beraten, Ihren Goldfisch mitzunehmen oder einen anderen flossigen Freund, da einige der Szenen auf nicht-aquatische Lebensformen geradezu verstörend wirken *müssen*.

Falls jedoch – wie bei vielen aquatischen und sogar halb-aquatischen Lebensformen auch – regelmäßiger

Kinobesuch nicht mehr fester Bestandteil Ihres Lebens sein sollte, hoffen wir, daß dies Buch einiges von dem Reiz und der Atmosphäre eines Filmes vermittelt, der bei Erscheinen als »eine ausgesprochen fischige Erfahrung«, ein »Salz- *und* Süßwasservergnügen« und als »echter Kiemenkitzel« gepriesen wurde.

Wir haben das Gefühl, daß bei der Übertragung dieses exzeptionellen und provozierenden Werkes in eine literarische Form – abgesehen von dem unangenehmen Geruch – nur wenig verloren gegangen ist (eingedenk dessen, daß es immerhin einem Vertreter der Spezies Fisch vorbehalten war, die Druckerpresse zu erfinden).*

Lehnen Sie sich also zurück, stellen Sie Ihren Sessel auf Stufe 3 ein (Optimale Leseposition), oder auf Stufe 5, wenn Sie sehr alt sind, legen Sie Ihre Füße auf das *PedeRast*Schemelchen, gießen Sie sich ein Gläschen *Demi Martin* Diät-Cognac ein und genießen Sie diese ungewöhnlichen Einsichten in das, was das Leben wirklich ausmacht: Warum wir hier sind, was das alles soll, wieviel es kostet und ob es in das Salatfach eines stark preisreduzierten Kühlschranks paßt. Und wenn Sie diese Seiten wenden (oder von einem handlichen Hanigan-Hauptstütz-und-Selbstlese-Automaten der Juniorklasse wenden lassen), erhaschen Sie womöglich den Schimmer einer Ahnung, welch reiches und wundervolles Leben sich unter der Oberfläche jener Wasser verbirgt, die 61% dieses Planeten bedecken. *Einundsechzig Prozent!*

---

* Statistisches Fischjahrbuch, Institut für Unterwasserforschung der Universität von Nordwest Illinois und ein Bißchen von Süd Wisconsin, ach ja, und Was von Iowa, so zwischen Davenport und Clinton. 1982.

Viel Vergnügen also – und denken Sie daran: Falls Sie nach vollständiger Lektüre dieses Buches mit seinen Inhalten nicht vollkommen zufrieden sein sollten, dann sind Sie (großgeschrieben) dumm und wertlos.

Sechs Fische schwimmen in einem Bassin.

ERSTER FISCH Morgen.

ZWEITER FISCH Morgen.

DRITTER FISCH Morgen.

ERSTER FISCH Morgen.

VIERTER FISCH Morgen.

DRITTER FISCH Morgen.

ERSTER FISCH Morgen.

ZWEITER FISCH Morgen.

VIERTER FISCH Was gibt's Neues?

ERSTER FISCH Nicht viel.

FÜNFTER UND SECHSTER FISCH Morgen.

DIE ANDEREN Morgen. Morgen. Morgen.

ERSTER FISCH Frank hat gerade gefragt, was es Neues gibt.

FÜNFTER FISCH Hat er das?

ERSTER FISCH Ja! Hmm. . .

DRITTER FISCH He, da! Howard wird gegessen.

ZWEITER FISCH Wird er das?

Sie bewegen sich vorwärts, um zu beobachten, wie ein Kellner einen stattlichen gegrillten Fisch einem stattlichen Herrn serviert.

ZWEITER FISCH Gibt einem zu denken, wie?

VIERTER FISCH Ich meine . . . was soll das Ganze?

FÜNFTER FISCH Mir zu hoch.

DER SINN DES LEBENS

Was tun wir hier? Was soll das überhaupt?
Existiert Gott? Sind Zweifel erlaubt?
Gleich werdet ihr wissen, woran ihr glaubt,
Wir geben dem Leben jetzt Sinn!

Womit begann die Schweinerei?
Was war eher da? Henne oder Ei?
Und ist für uns das Gelbe dabei?
Erst wer fragt, gibt dem Leben Sinn!

Ist das Leben ein Spiel? Sind die Regeln von uns?
Oder sind wir disqualifiziert?
Und im chemischen Sinne längst schon mutiert
Zu DNS, die sich selbst redupliziert?

Was ist das Leben? Wo bleibt der Lohn?
Gibt's Himmel und Hölle? Reinkarnation?
Ist die Menschheit zu retten? Verendet sie schon?
Wozu braucht dann das Leben noch Sinn?

Für Millionen ist das Hier bloß ein Jammertal,
Das Jetzt die reinste Höllenqual.
Und die Wissenschaft hat uns längst einsortiert
Als DNS, die sich selbst redupliziert!

Also warum? Warum sind wir hier?
Und zur Abwechslung nicht einmal da oder da?
Ob ihr's glaubt oder nicht, wir machen euch klar:
Den Sinn des Lebens, ce soir!
C'est le sens de la vie!
This is the Meaning of Life!

DER SINN DES LEBENS
TEIL I

Das Wunder der Geburt

Krankenhauskorridor. Eine werdende Mutter in einem Kran-
kenbett wird mit überhöhter Geschwindigkeit den Korridor
entlanggerollt. Krachend werden mit dem Kopfende mehrere
Schwingtüren aufgestoßen. Eine Krankenschwester schlüpft in
ein Sprechzimmer, wo ein Arzt dabei ist, Bierdeckel durch die
Armbeuge eines anderen Arztes zu schmeißen.

ERSTER ARZT Eintausendundacht!

KRANKENSCHWESTER Mrs. Moores Wehen kommen
häufiger, Herr Doktor.

ERSTER ARZT Gut. Bringen Sie sie ins Foetus-Fürchte-
Dich-Zimmer.

KRANKENSCHWESTER Wird gemacht.

Sie gehen in den Kreißsaal.

ERSTER ARZT Sieht heute ein bißchen ärmlich aus hier,
oder?

ZWEITER ARZT Sowieso.

ERSTER ARZT Schwester, mehr Apparate, bitte!

KRANKENSCHWESTER Jawohl, Herr Doktor.

ERSTER ARZT Ja, das EEG, den BP-Monitor und das
AVV, bitte.

ZWEITER ARZT Und holen Sie die Maschine, die »Ping«
macht!

ERSTER ARZT Und holen Sie die allerteuersten Maschinen für den Fall, daß der Verwalter vorbeischaut.

Eine Menge Apparate werden hereingeschoben. Die wer-
dende Mutter verschwindet dahinter.

ERSTER ARZT So ist's besser. So ist's viel, viel besser.

ZWEITER ARZT Sowieso. So geht's.

ERSTER ARZT Trotzdem: irgendwas fehlt noch.

Sie denken einen Moment scharf nach.

ERSTER UND ZWEITER ARZT Die Patientin!!

ZWEITER ARZT Wo ist die Patientin?

ERSTER ARZT Hat irgend jemand die Patientin gesehen?

ZWEITER ARZT Frau Patientin!

KRANKENSCHWESTER Ah, da ist sie ja!

ERSTER ARZT Her mit ihr!

ZWEITER ARZT Obacht, die Maschine!

ERSTER ARZT Hier lang!

ZWEITER ARZT *zur Patientin* Hüpfen Sie hier rauf. Hopp!

ERSTER ARZT Hallo! Nur keine Bange.

ZWEITER ARZT Wir haben Sie gleich geheilt.

ERSTER ARZT Überlassen Sie alles uns. Sie werden gar nicht merken, was mit Ihnen passiert.

ERSTER UND ZWEITER ARZT Auf Wiedersehen! Auf Wiedersehen! Tropf an! Spritzen los!

ZWEITER ARZT Darf ich dem Baby die Kanüle in den Kopf stecken?

ERSTER ARZT Nur wenn ich die Episistomie machen darf.

ZWEITER ARZT Einverstanden.

ERSTER ARZT Hoch die Beine!

Die Beine der Patientin werden auf die Stützen gelegt, inzwischen öffnen die Ärzte die gegenüberliegende Tür.

ERSTER UND ZWEITER ARZT Hereinspaziert! Hereinspaziert, meine Herrschaften! So ist's recht, sehr schön. Treten Sie näher! Treten Sie näher! Verteilen Sie sich zwanglos!

Eine kleine Horde drängt herein, meist Mediziner, aber auch zwei Japaner mit Kameras und Videoausrüstung. Der erste Arzt stößt mit einem Mann zusammen.

ERSTER ARZT Und wer sind Sie?

MANN Ich bin der Ehemann.

ERSTER ARZT Tut mir leid, aber Unbetroffenen ist der Zutritt verboten.

Der Ehemann ab.

MRS. MOORE Was soll ich machen?

ERSTER ARZT Jaaa?

MRS. MOORE Was soll ich machen?

ZWEITER ARZT Gar nichts, Gnädigste. Sie sind nicht qualifiziert.

ERSTER ARZT Überlassen Sie das uns.

MRS. MOORE Wofür ist die denn?

ERSTER ARZT Das ist die Maschine, die »Ping« macht.

Sie macht »Ping«.

ERSTER ARZT Sehen Sie, das heißt, Ihr Baby ist noch am Leben.

ZWEITER ARZT Und das hier ist die teuerste Maschine im ganzen Krankenhaus.

ERSTER ARZT Ja, die kostet mehr als eine dreiviertel Million Pfund.

ZWEITER ARZT Haben Sie nicht ein Glück?

KRANKENSCHWESTER Der Verwaltungschef ist da.

ERSTER ARZT Alle Maschinen volle Kraft!

Das wird erledigt: Alles blinkt und piepst und wummert. Auftritt: der Verwaltungschef.

VERWALTUNGSCHEF Morgen, meine Herren.

ERSTER UND ZWEITER ARZT Morgen, Mr. Pycroft.

VERWALTUNGSCHEF Sehr eindrucksvoll. Und was haben wir heute morgen?

ERSTER ARZT Eine Geburt.

VERWALTUNGSCHEF Ah! Und worum geht's dabei?

ZWEITER ARZT Nun, so nennen wir das, wenn wir ein neues Baby aus dem Bauch einer Dame holen.

VERWALTUNGSCHEF Schon toll, was wir heutzutage alles machen. Ah, wie ich sehe, haben Sie die Maschine, die »Ping« macht dabei. Mein ganz besonderer Liebling. Wissen Sie, wir haben sie bei der Firma geleast, der wir sie verkauft haben. Auf die Art erscheint sie monatlich bei den laufenden Kosten und belastet nicht das Stammkapital.

Alle applaudieren.

Danke schön, danke schön. Man tut, was man kann. Aber nun machen Sie bitte weiter! *Ab.*

KRANKENSCHWESTER Oh, eben erweitert sich die Vulva, Herr Doktor.

ERSTER ARZT Ja, und da ist auch der Kopf. Da: vier Zentimeter, fünf, sechs Zentimeter.

ZWEITER ARZT Licht! Die Ping-Maschine verstärken! Masken auf! Absauger! Augen zu und durch! Tja, und da isses auch schon.

Das Baby ist geboren.

ERSTER ARZT Los! Erschrecken!

Man schnappt sich das Baby, hält es kopfunter, gibt ihm einen Klaps, steckt Kanülen in seine Nasenlöcher, spritzt es mit kaltem Wasser ab. Dann wird das Baby auf einen Holzblock gelegt und die Nabelschnur mit einem Hackmesser gekappt.

Und die rauhen Handtücher!

Es wird mit rauhen Handtüchern abgetrocknet.

Der Mutter zeigen!

Es wird der Mutter gezeigt.

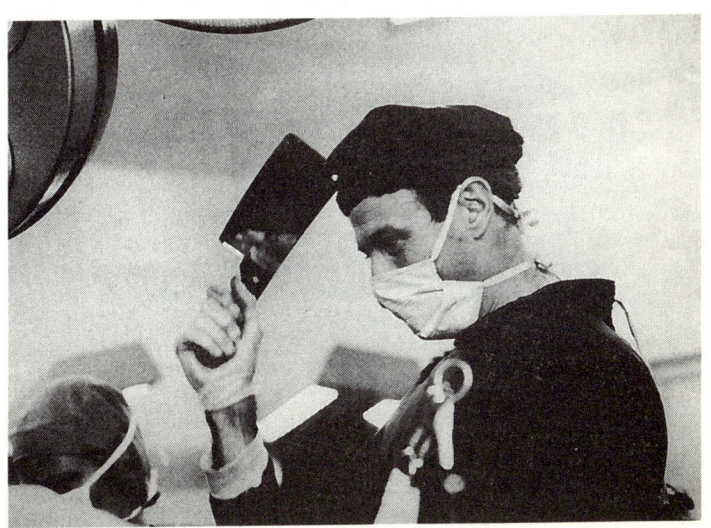

Erster und Zweiter Arzt So, das reicht. Mutter sedieren, Kind numerieren, Maß nehmen, Blut abnehmen . . . und isolieren!

Krankenschwester *in die Menge* Das war's. Schluß der Vorstellung.

Mrs. Moore Ist es ein Junge oder ein Mädchen?

Erster Arzt Nun, ich denke, es ist ein bißchen sehr früh, es in Geschlechterrollen zwängen zu wollen, oder täusche ich mich da? Und ich gebe Ihnen gleich noch einen guten Rat: Sie werden womöglich für eine gewisse Zeit unter völlig rätselhaften Depressionen leiden. PND, wie wir Ärzte das nennen. Aber dagegen haben wir jede Menge Glückspillen. Und daheim können Sie dann alles über die Geburt erfahren: erhältlich auf Betamax, VHS und Super 8.

DER SINN DES LEBENS
DAS WUNDER DER GEBURT – TEIL II

Die Dritte Welt
Yorkshire

Eine Straße im Norden, Vater auf dem Heimweg. Wir sehen sein Haus. Ein Storch fliegt darüber und läßt ein Baby in den Schornstein fallen.

VATER Pest und Hölle.

Drinnen. Eine schwangere Frau steht an der Spüle. Ein neugeborenes Baby, komplett mit Nabelschnur, fällt mit einem Schrei zwischen ihren Beinen zu Boden.

MUTTER Heb das bitte auf, Deirdre. . .
MÄDCHEN Wird gemacht, Mum.

Das Mädchen hebt das Baby auf. Mutter macht weiter. Vater draußen kommt an die Tür und öffnet sie traurig. Drinnen sind mindestens vierzig Kinder unterschiedlichen Alters, das Wohnzimmer ist gesteckt voll.

MUTTER *mit Teebrett* Für wen ist Teezeit?
STIMMEN IM CHOR Für mich, Mum. . .
MUTTER Vincent, Tessa, Valerie, Janine, Martha, Andrew, Thomas, Walter, Pat, Linda, Michael, Evadne, Alice, Dominique und Sascha. . . für euch ist Bettzeit!
KINDER *alle durcheinander* Ooch, Mum!
MUTTER Keine Widerrede! . . . Laura, Alfred, Nigel, Anni, Simon, Amanda. . .
VATER Wartet. . .
Alle horchen auf.
Ich habe der ganzen Familie etwas mitzuteilen.

Alle verharren . . . erregtes Gemurmel.

MUTTER *zu ihrem nächstplazierten Sohn* Schnell . . . hol die anderen herein, Gordon!

Gordon geht hinaus. Weitere gut zwanzig Kinder betreten den Raum. Sie quetschen sich in den Hintergrund, so gut es eben geht.

VATER Das Werk hat dichtgemacht. Es gibt keine Arbeit mehr. Wir sind mittellos.

Verschiedene Ausrufe wie »O nein!« . . . »Jessas« . . . »Sappradi« . . . *aus allen Ecken des Zimmers.*

Mir bleibt gar keine andere Möglichkeit, als euch alle zu verkaufen – für wissenschaftliche Experimente.

Die Kinder protestieren mit herzzerreißendem Flehen.

Nein, nein, so sieht's nun mal aus, meine Lieben. . . Beschwert euch bei der katholischen Kirche, daß sie mich nicht eins von diesen Gummidingern tragen läßt. . . Oh, sie haben ein paar großartige Sachen gemacht zu ihrer Zeit, sie haben die Macht und die Herrlichkeit bewahrt, sogar das Mysterium der Römischen Kirche, die Heiligkeit des Sakraments und die unteilbare Einheit der Dreifaltigkeit, aber wenn sie mich eines von diesen kleinen Gummidingern auf der Spitze von meinem Schwanz tragen ließen, säßen wir nicht in der Patsche, in der wir jetzt sitzen.

KLEINER JUNGE Hätte Mummy nicht irgendeine Art Pessar tragen können?

VATER Nicht wenn wir Mitglieder der am schnellsten wachsenden Religionsgemeinschaft der Welt bleiben wollen, mein Junge . . . Sieh mal, wir glauben. . . na, laß es mich einmal so ausdrücken. . . *singt:*

Es gibt auf der Welt Buddhisten,
Hindus, Juden, Mormonen und dann
Gibt es welche, die folgen Mohammed,
Doch ich war nie einer davon. . .

Ich bin nun mal römisch-katholisch
Und war es seit meiner Geburt
Und ich bleibe auch römisch-katholisch
Und verehre die Jungfrau von Lourdes...

Ihr müßt nicht besonders schön sein,
Könnt dumm bleiben oder arm,
Ihr seid trotzdem römisch-katholisch,
Vom Moment an, als Vater kam...

Denn...
Jedes Spermium ist heilig,
Und seine Kraft ist groß,
Und wenn wer eins verschwendet,
Wird Gott furios.

KINDER Jedes Spermium ist heilig,
Und seine Kraft ist groß,
Und wenn wer eins verschwendet,
Wird Gott furios.

KIND *solo* Laß den Heiden spritzen
Seines auf den Boden –
Der liebe Gott rächt alles
Und kriegt ihn bei den Hoden.

Allgemeines Geschunkel setzt ein.

KINDER Jedes Spermium ist heilig,
Denn darin steckt die Kraft,
Mehr Gläubige zu schaffen
In uns'rer Nachbarschaft.

MUTTER *solo* Hindu, Buddhist, Mormone
Verschleudern ihren Samen,

Gott liebt nur den, der seinen
Einloch in seinem Namen.

*Die Kinder marschieren im Takt raus. Draußen beginnt
eine alleserfassende Choreographie.*

MÄNNLICHE NACHBARN *kommen synchron aus einer Reihe
    Klohäuschen herausgesprungen* Jedes Spermium ist heilig
    Und seine Kraft ist groß.
WEIBLICHE NACHBARN *springen als Chorus-Line auf meh-
    rere Hofmauern* Und wenn wer was verschwendet,
KINDER Wird Gott furios.
PRIESTER *in Kirche* Jedes Spermium ist heilig,
BRAUT UND BRÄUTIGAM Denn darin wohnt die Kraft,
KINDERFRAUEN *mit Kinderwagen* Mehr Gläubige zu
    schaffen
KARDINÄLE *in Kinderwagen* In uns'rer Nachbarschaft.
KINDER Dein Sperma, das ist nützlich,
    Verschwenden darfst du keins,
LEICHENZUG Denn Gott braucht wirklich alles.
ERSTER TRAUERNDER Meins!
WEIBLICHE TRAUERNDE Und meins!
LEICHNAM Und meins!
NONNE *solo* Laß den Ketzer spritzen
    Über Berg und Tal,
DIVERSER NIPPES IN EINEM RÖMISCH-KATHOLISCHEN
DEVOTIONALIENGESCHÄFT Gott rächt jeden Tropfen
    Mit ew'ger Höllenqual.
ALLE Jedes Spermium ist heilig,
    Denn darin steckt die Kraft,
    Mehr Gläubige zu schaffen.
    In uns'rer Nachbarschaft.
PRAKTISCH MEHR ALS ALLE, INKLUSIVE ZWEIER FEUER-
SCHLUCKER, EINES JONGLEURS, EINES CLOWNS AM KLA-

VIER SOWIE EINES STELZENLÄUFERS, DER FAHRRAD
FÄHRT Jedes Spermium ist heilig,
   Und seine Kraft ist groß,
   Und wenn wer eins verschwendet,
   Wird Gott furios.

*Alle jubeln, inklusive der Feuerschlucker, des Jongleurs, des
Clowns am Klavier sowie des Stelzenläufers, der Fahrrad
fährt. Feuerwerk brennt ab, ein chinesischer Drache steigt
auf und Flaggen sämtlicher Nationen werden geschwenkt.
Wieder drinnen.*

VATER Begreift ihr jetzt mein Problem, meine Kleinen
   . . . ich kann euch alle nicht länger hierbehalten.
KINDERSTIMME im HINTERGRUND Lauter!
VATER *hebt die Stimme* Ich kann euch nicht länger hierbehalten . . . Gott hat uns dermaßen gesegnet, daß ich
   euch einfach nicht mehr durchfüttern kann.
JUNGE Kannst du dir nicht die Eier abschneiden lassen?
VATER Wenn das so einfach wäre, Nigel . . . Der liebe
   Gott sieht alles . . . der würde einen so billigen Trick
   sofort durchschauen. Was wir uns selbst antun, haben
   wir ihm angetan . . .
STIMME Du könntest sie dir bei einem Unfall plattge-
   macht haben?

Weitere Stimmen machen Vorschläge zur Entfernung seiner Eier.

VATER Nein . . . nein . . . Kinder . . . ich weiß, ihr wollt
   mir helfen, aber glaubt mir, ich bin fest entschlossen.
   Ich habe lange und sorgfältig darüber nachgedacht.
   Und das bedeutet für die meisten von euch: medizini-
   sche Experimente.

*Die Kinder tauchen draußen auf und singen eine melancholi-
sche Reprise von* Jedes Spermium ist heilig.

MR. BLACKITT Schau sie dir an, verdammte Katholiken.
Bevölkern diese verdammte Welt mit verdammten
Kindern, die sie verdammt nochmal nicht mal durch-
füttern können.

MRS. BLACKITT Und was sind wir, Lieber?

MR. BLACKITT Protestanten, und mächtig stolz darauf. . .

MRS. BLACKITT Warum haben die denn so viele Kinder. . . ?

MR. BLACKITT Weil sie jedesmal, wenn sie Geschlechtsverkehr haben, ein Baby kriegen müssen.

MRS. BLACKITT Aber das ist ja genau wie bei uns,
Harry.

MR. BLACKITT Wie meinst du das. . . ?

MRS. BLACKITT Nun, ich meine, wir haben zwei Kinder
und wir hatten genau zweimal Geschlechtsverkehr.

MR. BLACKITT Darauf kommt es doch gar nicht an.
Wir könnten Geschlechtsverkehr haben, jederzeit!

MRS. BLACKITT Tatsächlich?

MR. BLACKITT O ja. Und was dazu kommt: Weil wir
nicht an diesen ganzen papistischen Heckmeck glauben, können wir Vorsichtsmaßnahmen treffen.

MRS. BLACKITT Wie, du meinst, die Tür abschlie-
ßen. . . ?

MR. BLACKITT Nein, nein, ich meine, da wir Mitglieder
der protestantisch-reformierten Kirche sind, die
Mitte des sechzehnten Jahrhunderts die autokratische
Macht des Papsttums erfolgreich herausgefordert
hat, können wir kleine Vorrichtungen aus Gummi
tragen, um den Folgen vorzubeugen.

Mrs. Blackitt Wie meinst du das. . . ?

Mr. Blackitt Ich könnte, wenn ich wollte, Geschlechtsverkehr mit dir haben. . .

Mrs. Blackitt O ja . . . Harry. . .

Mr. Blackitt Und indem ich einen Gummiüberzieher über mein bestes Stück streife, könnte ich sicherstellen, daß du . . . also, wenn ich käme . . . nicht geschwängert würdest.

Mrs. Blackitt Ooh!

Mr. Blackitt Das ist das Wesen des Protestantismus. Deswegen ist das meine Kirche. Deswegen ist das die Kirche für jeden, der das Individuum und sein individuelles Recht auf Selbstbestimmung respektiert. Als Martin Luther seine Thesen 1517 an die Kirchentür nagelte, mag er die volle Tragweite seines Tuns noch nicht erfaßt haben. Aber vierhundert Jahre später, meine Liebe, kann ich, dank ihm, tragen was ich will über meinem Jan Matz. Und Protestantismus macht beim simplen Kondom nicht halt. O nein, ich kann Französische Kitzler tragen, wenn ich will.

Mrs. Blackitt Du kannst *was?*

Mr. Blackitt Französische Kitzler . . . Schwarze Mambos . . . Krokodilnoppen . . . Überzieher, die nicht nur zum Schutz entworfen wurden, sondern auch zur Steigerung der Stimulation beim Sexualkontakt. . .

Mrs. Blackitt Hast du einen da?

Mr. Blackitt Ob ich einen da habe . . . ? So gesehen: nein. Aber ich kann auf die Straße gehen und jederzeit bei Harry vorbeischauen, hocherhobenen Hauptes, und mit lauter, fester Stimme sagen: »Harry, ich möchte, daß du mir ein Kondom verkaufst, nicht irgendeines, nein, ich dachte da an einen Französischen Kitzler, denn ich bin Protestant. . .

Mrs. Blackitt Eben . . . und warum gehst du nicht?

Mr. Blackitt Aber die . . . *er zeigt auf die Kinder, die immer noch aus dem Haus strömen* . . . die können das nicht. Weil ihre Kirche nie den entscheidenden Schritt gemacht hat: raus aus dem Mittelalter! Und wegen ihrer Unterwerfung unter episkopale Fremdherrschaft!

Martin Luthers Abenteuer

in

Reform-O-Scope

Im Verleih der

Ev. Landeskirchlichen Volks- und Filmmission

in Zusammenarbeit mit

Ben Reichinger, Atze Rotbrauner

und der Bevölkerung von Beirut

Deutschland im Würgegriff des 16. Jahrhunderts

Eine ebenso spektakuläre wie kontroverse Nachprüfung des protestantischen Reformators, dessen Aufwertung der Rolle des Individuums im christlichen Glaubenszusammenhang ein postfeudales Deutschland im Würgegriff des 16. Jahrhunderts in seinen Grundfesten erschüttern mußte.

Es war ein Tag wie jeder andere in der ruhigen Kleinstadt Wittenberg. Mutter Meyer rührte eben das Fett fürs Abendessen an, als die Reformation mit voller Kraft einschlug.

Eine Frau und ihre zwei eher derben Töchter sitzen mit Schüsseln vor der Haustür. Ein Mann kommt atemlos herbei.

HYMIE Mammi! Martin Luther ist draußen!

Bestürzung unter den Frauensleuten.

MUTTER Oh, Martin Luther!
    Sie scheucht ihre Töchter ins Haus.
    Hast du den Talg gekriegt? Hymie?
HYMIE Weh mir, den Talg habe ich glatt vergessen!
MUTTER Den Talg glatt vergessen?!

HYMIE Das Schmalz, den Tran, die Butter, das Braten-
fett, die Hammelschmiere, an alles habe ich gedacht ... *schlägt die Hände über dem Einkaufskorb zusammen* ... aber den Talg! Weh mir!

MUTTER *zeigt auf seinen Kopf* Was hast du da bloß drin?
Fettgewebe?

HYMIE Sieh nur! Da kommt er!

MUTTER *geht ins Haus und ruft* Mädels, Mädels! Euer
Vater hat den Talg vergessen.

Von drinnen: Murren der Mädchen.
*Martin Luther steht vor der Tür. Die Ohren gespitzt
angehörs der weiblichen Stimmen. Seine Augen suchen rast-
los.*

HYMIE Hallo, Martin.

MARTIN LUTHER Wo ist der Lokus?

HYMIE Haben wir nicht.

MARTIN LUTHER Kein Lokus? Wie macht ihr das?

HYMIE Wir essen Fett.

MARTIN LUTHER Und deswegen müßt ihr nicht auf den
Lokus?

HYMIE Rein theoretisch nicht.

MARTIN LUTHER Klar – aber praktisch?

HYMIE Wir haben einfach keinen Lokus.

MARTIN LUTHER Klar – aber müßt ihr auch nicht hin?

HYMIE Du weißt, wie das ist mit solchen Theorien – an
manchen Tagen geht alles klar ... vielleicht ein, zwei
... drei Tage ... und dann, gerade wenn du sie
veröffentlichen willst ... *Ausdruck der Resignation und
des Abscheus* ... Flatsch! Du brauchst einen neuen
Küchenfußboden.

MARTIN LUTHER Oh, das nenne ich Pech.

*Drinnen lacht ein Mädchen. Martin Luther merkt auf,
alarmbereit.*

Martin Luther Brauchste vielleicht 'ne Innenreinigung?

Hymie Ach nee, heut ist alles gutgegangen.

Martin Luther Ach so, und wie wär's, wenn du mir das Besteck zeigst?

Hymie Martin – ich habe Frau und Kinder da drinnen.

Martin Luther Kein Problem ... Ich schau mir bloß ein paar Löffel an ... und...

Martin Luther will eintreten. Hymie hält ihn auf.

Hymie Ich habe zwei Mädel da drinnen, Martin ... du weißt, wie ich das meine ...

Martin Luther Ehrlich! Ich schau deine Mädel überhaupt nicht an! Ich denke nicht mal an sie! So! Ich streiche sie aus meinem Bewußtsein! Ihre Arme, ihre Nacken, ihre kleinen Beinchen .. und Brüstchen ... Ich r a d i e r e sie aus!

Hymie Du willst also bloß die Löffel ansehen?

Martin Luther Bei meinem Leben! Das ist es, was ich sehen will!

Hymie Ich weiß, daß mir das noch leid tun wird.

Martin Luther Nein, hör zu! Bestecke sind neuerdings genau mein Ding. Mädel mit runden Brüsten, das ist vorbei.

Hymie Was tu ich! Ich weiß doch genau, was gleich abgeht...

Martin Luther Ich ducke mich hinter dir.

Hymie geht hinein, Martin Luther folgt ihm geduckt.

Hymie Mammi, rate, wer uns besuchen kommt.

Mutter Hymie, hast du jetzt den Verstand verloren? Du weißt, wie alt deine Töchter sind.

Hymie Er möchte sich bloß die Löffel anschauen.

Mutter Wieso mußt du ihn dazu ins Haus bringen?

HYMIE Mammi, er denkt gar nicht mehr an Mädchen.

MARTIN LUTHER Frau Meyer, soweit es um Mädchen geht – ich bin raus aus der Nummer.

MUTTER Raus aus der Nummer?

MARTIN LUTHER Ab-so-lut . . .

Pause.

MUTTER Welche Löffel willst du sehen?

MARTIN LUTHER Äh . . . *zuckt die Achseln* . . . ich denke, die Suppenlöffel. . .

MUTTER *plötzlich hochinteressiert* Aha! Das sind zumindest gute Löffel.

MARTIN LUTHER Sie haben sie griffbereit?

MUTTER Nein, aber ich kann sie für dich bereitlegen.

MARTIN LUTHER Machen Sie sich doch meinetwegen keine Umstände, Frau Meyer.

MUTTER Das macht doch keine Umstände . . . Ich wünsche, daß du diese Löffel siehst, wie ich selbst sie zu sehen wünsche.

MARTIN LUTHER Ach, Sie sind zu liebenswürdig, Frau Meyer, aber Sie können doch Ihre Töchter schicken, sie mir zu zeigen. . .

MUTTER Hymie, schmeiß ihn raus!

HYMIE Aber Mammi, er wollte von Myrtle und Audrey doch nur die L ö f f e l gezeigt kriegen.

MUTTER Denkst du vielleicht, ich betreibe hier so eine Art Bordell. . .

MARTIN LUTHER Frau Meyer! Wie können Sie so etwas sagen?

MUTTER Hör zu, Martin Luther! Ich weiß genau, was du mit meinen Mädchen vorhast!

MARTIN LUTHER Zeigen Sie mir Ihre Löffel . . .

MUTTER Du möchtest, daß sie ihre Röckchen heben,

sich über die Stuhllehne beugen und die Beine sprei-
zen. . .

HYMIE Mammi, errege dich nicht . .

MUTTER Ich errege mich? Er ist es, der sich erregt!

MARTIN LUTHER Ich bin doch bloß an den Löffeln
interessiert.

MUTTER Aber du kannst nicht aufhören, an diese jungen Dinger zu denken, so über die Stühle gebeugt.

Luther kämpft mit sich selbst.

HYMIE Ich muß ins Badezimmer.

MUTTER *greift ihn* Hymie, ich bin eine verheiratete Frau!

HYMIE Also . . . dann zeig ihm eben nur die Löffel.

Hymie ab.

MUTTER Und? Sonst hast du nichts mit mir vor?

MARTIN LUTHER Frau Meyer, Sie lesen meine Gedanken.

MUTTER Ach. . .

Sie gehen diskret ab.

Doch trotz der Bemühungen der Protestanten, die Idee
vom Sex zum reinen Vergnügen populär zu machen,
hörten die Kinder einfach nicht auf, überall überhand
zu nehmen.

DER SINN DES LEBENS
TEIL II
Heranwachsen und Lernen

Die Kapelle einer Schule; in den Bänken mehr oder weniger andächtige Schüler.

REKTOR Sie aber erspäheten Kamele zwiefach vor der dritten Stunde, und also zogen die Midianiten fort gegen Ram Gilead im Lande Kadisch Bilgamesch am Gestade des Ezra Regalion zum Hause des Gasch-Bil-Bethuel Bazda, er, der gereicht hatte die Butterdose dem Balthasar und den Zeltpflock zum Hause des Raschomon, und schlachteten dortselbst die Ziegen getreulich, und sie taten die Bissen in kleine Töpfe. Hier aber endet die Lesung.

Der Rektor schließt die Bibel. Der Kaplan erhebt sich.

KAPLAN Wir wollen den Herrn loben. O Herr. . .
GEMEINDE O Herr. . .
KAPLAN Ooo Du bist so groß. . .
GEMEINDE Ooo Du bist so groß. . .
KAPLAN So unwahrscheinlich riesig.
GEMEINDE So un-wahrscheinlich riesig.
KAPLAN Herrje, wir sind echt beeindruckt hier unten, kann ich Dir sagen.
GEMEINDE Herrje, wir sind echt beeindruckt hier unten, kann ich Dir sagen.
KAPLAN Vergib uns, o Herr, diese abscheuliche Bauch-pinselei.
GEMEINDE Und unverhohlene Ranschmeiße.
KAPLAN Aber Du bist die Kraft und, na, einfach super.
GEMEINDE Phan-ta-stisch.

Rektor Amen. Also zwei von euch Jungs wurden dabei erwischt, wie sie den Schulkormoran mit Leinöl eingerieben haben. Nun glauben vielleicht einige von euch, daß der Schulkormoran keine allzu wichtige Rolle in unserem Schulleben spiele, ich darf euch aber daran erinnern, daß er uns von der Gemeindeverwaltung in Sudbury geschenkt wurde, anläßlich des Empire Day, des Tages, wo wir versuchen, uns an die Namen all derer aus der Gegend um Sudbury zu erinnern, die so freundlich waren, ihr Leben zu geben, damit China britisch bleibt. Also vom heutigen Tag an steht der Kormoran unter meinem persönlichen Schutz. Oh ... und Jenkins ... eh' ich's vergesse, deine Mutter ist, wie es scheint, heute morgen gestorben. *Wendet sich an den Kaplan.* Herr Kaplan.

Die Gemeinde erhebt sich und der Kaplan stimmt den Gesang an.

Kaplan und Gemeinde O Herr, sollst uns nicht rösten,
Nicht braten noch grillieren,
Nicht backen oder toasten
Und nicht zu Brei pürieren
Im Mixer oder Mörser
Und dann aufs Brot Dir schmieren...

Wollest uns auch nicht frittieren
In siedend heißem Fett,
Nicht lebend frikassieren
Zu Hackfleisch oder Mett.
Und steck, o Herr, uns auf die Schnelle
bloß nicht in Deine Mikrowelle...

Ein Klassenzimmer. Die Jungen sitzen still und lernen.

Junge Er kommt!

Höllenlärm bricht los. Der Rektor tritt ein.

REKTOR Ist ja gut, ist ja gut, beruhigt euch. *Er breitet seine Papiere aus.* Bevor ich mit dem Unterricht beginne, werden diejenigen von euch, die heute nachmittag das Match bestreiten, ihre Sachen an den unteren Haken hängen, und zwar unmittelbar nach dem Mittagessen, noch bevor ihr euren Brief nach Hause schreibt, falls ihr nicht mit Haareschneiden dran seid und vorausgesetzt, ihr habt keinen jüngeren Bruder, der dies Wochenende Ausgang hat und bei einem anderen Jungen eingeladen ist, in welchem Fall ihr seinen Bericht nehmt und eurem Brief beilegt, nachdem ihr euren Haarschnitt verpaßt gekriegt und euch vergewissert habt, daß er eure Sachen für euch am unteren Haken aufgehängt hat. – Nun. . .

WYMER Sir?

REKTOR Ja, Wymer?

WYMER Mein jüngerer Bruder ist dies Wochenende bei Dibble eingeladen, Sir, aber ich bin nicht mit Haareschneiden dran, soll ich also meine Sachen selbst runterbringen oder. . .

REKTOR Ich wünschte mir, Wymer, du hättest eben zugehört: es ist doch ganz einfach. Wenn du nicht mit Haareschneiden dran bist, brauchst du die Sachen deines Bruders auch nicht an den unteren Haken zu hängen – du nimmst nur einfach seinen Bericht vor dem Mittagessen, nachdem du deine schriftlichen Hausaufgaben gemacht hast, und sobald du deinen Brief nach Hause geschrieben hast, vor der Nachmittagsruhe, hängst du deine eigenen Sachen an den unteren Haken, begrüßt die Besucher und meldest Mr. Viney, daß dein Wisch unterschrieben worden ist. – Nun aber: Sex. Sex, Sex, Sex – wo waren wir stehengeblieben?

*Beredtes Schweigen. Jede Menge tiefes Nachdenken der Art,
der sich Schüler hingeben, wenn sie wissen, daß sie die
Antwort nicht kennen.*

Also war ich schon so weit, daß der Penis in die
Vagina eindringt?

SCHÜLER Äh ... äh ... nein, Sir. Nein, Sir. So weit
noch nicht.

REKTOR War ich wenigstens mit dem Vorspiel fertig?

SCHÜLER ... Ja, Sir.

REKTOR Nun, da wir alles über das Vorspiel wissen,
kannst du mir bestimmt sagen, was der Zweck des
Vorspiels ist ... Biggs!

BIGGS Keine Ahnung, tut mir leid, Sir.

REKTOR Carter.

CARTER Äh ... war das das mit dem Sachenausziehen,
Sir?

REKTOR Und danach?

CARTER Hängen wir sie an den unteren Haken?

Der Rektor wirft einen Schwamm und trifft ihn.

REKTOR Der Zweck des Vorspiels ist es, die Vagina so
weit zu bringen, eine Flüssigkeit abzusondern, welche es dem Penis erlaubt, leichter einzudringen.

WATSON Dürfen wir ein Fenster öffnen, Sir?

REKTOR Ja ... Harris, übernimmst du das ...? Und,
natürlich, den männlichen Penis zum Anschwellen zu
bringen und zum Ver ... stei ... fen. Also, hatte ich
beim letzten Mal Vaginalsekrete hervorgebracht ...?
Paß doch auf, Wadsworth, ich weiß, es ist Frei-
tagnachmittag ... Fußballgucken, was, mein
Junge ...? Die Augen rechts! Ich warne euch, ich
könnte mich dazu entschließen, sofort eine Prüfung
anzusetzen.

SCHÜLER Aber, Sir ...

REKTOR Also hört zu ... Habe ich nun Vaginalsekrete hervorgebracht oder nicht?

SCHÜLER Doch, Sir.

REKTOR Nenne mir zwei Möglichkeiten, sie zum Fließen zu bringen, Watson.

WATSON Reiben der Klitoris, Sir.

REKTOR Und was hast du gegen einen Kuß, Junge? Hmm? Warum fangen wir nicht einfach mit einem Küßchen an? Du brauchst dich doch nicht gleich wie ein wildgewordenes Trüffelschwein zur Klitoris durchzuwühlen. Gib ihr einen Kuß, Junge!

WYMER An den Brustwarzen saugen, Sir.

REKTOR Schön, schön. Bravo, Wymer.

DUCKWORTH Die Schenkel streicheln, Sir.

REKTOR Das will ich meinen.

EIN ANDERER In den Nacken beißen.

REKTOR Gut, am Ohrläppchen knabbern, das Gesäß kneten und so weiter und so fort. Wir haben also tausend Möglichkeiten, bevor wir die Klitoris stürmen, Watson.

WATSON Klar, Sir, tut mir leid, Sir.

REKTOR Alle diese Formen der Stimulation können jetzt stattfinden.

Der Rektor klappt ein Schrankbett herunter.

... Und selbstverständlich wird mein Zungenspiel euch den besten Eindruck davon geben, wie die Säfte zum Fließen gebracht werden. *Ruft* Helen! *Zur Klasse* Wir kommen also zu Penetration und Koitus, das bedeutet Geschlechtsverkehr bis zum und einschließlich Orgasmus.

Mrs. Williams ist eingetreten.

Ah, Hallo, meine Liebe.

Die Schüler haben sich mehr oder weniger von ihren Plätzen erhoben.

Steh auf, wenn meine Frau den Raum betritt, Carter.

CARTER Oh, Verzeihung, Sir, Verzeihung.

MRS. WILLIAMS Humphrey, ich hoffe, du hast nichts dagegen, daß ich Garfields für heute zum Abendessen doch zugesagt habe.

REKTOR *fängt an, sich auszuziehen* Ach ja, ich fürchte, wir müssen. . .

MRS. WILLIAMS *legt ihre Kleider ab* Ich habe gesagt, wir kämen gegen acht.

REKTOR Na ja, wenigstens hab ich dann einen Grund, es auf der Lehrerkonferenz kurz zu machen.

MRS. WILLIAMS Ich weiß ja, daß du sie nicht leiden kannst, aber ich konnte doch nicht schon wieder absagen.

REKTOR *hat sich sein Hemd ausgezogen* Das war auch mein Eindruck – Wymer, das hier geschieht auch zu deinem Nutzen. Würdest du bitte so freundlich sein aufzuwachen. Ich habe nicht die Absicht, das alles noch mal zu wiederholen.

Die Jungen sind nicht stärker bei der Sache als in der letzten Stunde beim Binominalen Theorem, lassen sich das aber, wie üblich, nicht anmerken.

Wir betrachten also das Vorspiel als erledigt, wenn es dir nichts ausmacht, Liebes.

MRS. WILLIAMS Aber natürlich nicht, Humphrey.

REKTOR Der Mann beginnt also einzudringen und besteigt dazu sein gutes Weib auf Altväterweise. Der Penis ist nun, wie ihr unschwer erkennen könnt, so gut wie vollständig erigiert. So weit, so gut. Ah, so geht's noch besser. Nun . . . – Carter!

CARTER Ja, Sir?

REKTOR Was haben wir denn da?

CARTER Eine Okarina, Sir.

REKTOR Bring sie hierher. Der Mann beginnt nun

damit, stoßende Bewegungen aus dem Beckenbe-
reich heraus zu machen, so daß der Penis innerhalb
der Vagina auf und nieder bewegt wird *Carter hält ihm
das Instrument vor die Nase.* . . . leg sie dahin, Junge,
dahin . . . auf den Tisch . . . während die Frau ihre
klitorale Stimulation durch den Schaft des Penis ver-
mittels Aufwärtsbewegungen noch verstärkt, danke,
Liebes . . . Indem nun die sexuelle Erregung steigt. . .
Was ist daran so lustig, Biggs?

Biggs *gnickert* Ach, gar nichts, Sir.

Rektor Ach, bitte, laß uns doch alle an deinem kleinen
Spaß teilhaben . . . wie ich sehe, findest du doch
irgend etwas hier unwiderstehlich komisch. . .

Biggs Nein, echt nicht, Sir.

Rektor Und weil es so komisch ist, solltest du, finde
ich, zur Knaben-Auswahl gehören, die heute nachmittag gegen die Oberstufe Rugby spielen darf.

Biggs *schaut entsetzt; mit erstickter Stimme* O nein, Sir!

DER SINN DES LEBENS
TEIL III
Jeder gegen jeden

BIGGS *jetzt als bewaffneter Soldat im Schützengraben* Okay, Blackitt, Strurridge und Walters, ihr übernehmt die Wichser auf der linken Flanke. Hordern, Spadger und ich kümmern uns um das MG-Nest.

BLACKITT *ein Cockney aus Deptford* Machen Sie halblang, Sir, das schaffen Sie nie. Lassen Sie uns mitkommen...

BIGGS Sie tun, was Ihnen gesagt wird, Mann.

BLACKITT Ayay, Käpt'n.

Biggs will loskriechen.

Ach Sir, Sir ... falls wir uns ... falls wir uns nicht wiedersehen, ... Sir, ich wollte nur noch sagen, es war mir eine Ehre, an Ihrer Seite zu kämpfen, ehrlich, Sir...

Sie müssen sich ständig ducken, da ihnen Kugeln um die Ohren fliegen und Granaten über ihren Köpfen detonieren.

BIGGS Nun ja, ich fürchte, dies ist weder die rechte Zeit noch der rechte Ort für eine Abschiedsrede ... äh...

BLACKITT Nein, mir und den Jungs ist das schon klar, aber ... na ja ... vielleicht sehen wir uns nie wieder, Sir, deshalb...

BIGGS Schon in Ordnung, Blackitt, besten Dank. *Will los.*

BLACKITT Noch eine Sekunde, Sir! Wissen Sie, ich und die Jungs, wir haben 'ne kleine Sammlung gemacht, Sir ... und das haben wir Ihnen gekauft, Sir...

Er bringt eine hübsche goldene Stutzuhr aus seinem Tornister zum Vorschein. Biggs ist sprachlos. Er duckt sich weiterhin.

Biggs Tja, ich weiß gar nicht, was ich dazu sagen soll
. . . hübsche Idee das . . . danke . . . ich danke euch
allen . . . aber nun sollten wir wohl besser . . . in
Deckung gehen. . .

Er will loskriechen.

Blackitt Bleiben Sie noch 'n Tick, Sir, wir haben sogar
noch was für Sie, Sir.
Zwei der anderen tauchen mit einer Standuhr im Graben
auf.
Noch 'ne Uhr, tut mir leid, Sir, da ist irgendwie
irgendwas durcheinandergegangen, Sir . . . Walters
dachte, daß er das Geschenk kaufen sollte, Sir,
und Spadger und ich hatten schon das andere Ding.
Biggs Ich find's wunderschön . . . sind beide bellis-
simo. . .
Eine Kugel zerschlägt jäh das Zifferblatt der Standuhr.
Aber ich meine, wir sollten jetzt wirklich in Deckung
gehen, und ich statte euch meinen eigentlichen Dank
später ab.
Will wieder lospirschen, aber Blackitt ist noch nicht fertig.
Blackitt Und Korporal Sturridge hat auch noch das
hier für Sie, Sir. Er wußte nichts von den andern, Sir,
aus der Schweiz, Sir.

Er überreicht eine Armbanduhr.

Biggs Wenn das keine gute Idee war, Sturridge. Feiner
Kerl.

Eine Granate platzt über seinem Kopf. Biggs wirft sich
nach unten in den Dreck.

Blackitt Und dann ist da auch noch eine Karte, Sir,
Sir. . . von uns allen.
Er präsentiert einen blutbefleckten Umschlag.

Tut mir leid, das mit dem Blut, Sir.

BIGGS Ich danke euch allen.

Er steckt den Umschlag ein und wendet sich erneut ab.

BLACKITT Abteilung! Drei Hurras für Captain Biggs. Hipp-hipp –

ALLE Hurra!

BLACKITT Hipp-hipp –

ALLE Hu –

Ohrenbetäubendes Maschinengewehrfeuer bringt die meisten zum Schweigen . . . Blackitt ist getroffen.

BIGGS Blackitt! Blackitt!

BLACKITT *verletzt* Ach, ich komme schon wieder in Ordnung, Sir . . . aber da wäre noch eine Kleinigkeit, Sir. Spadge, gib ihm den Scheck. . .

SPADGER Ach ja. . .

BIGGS Das geht doch wohl etwas zu weit. . .!

SPADGER Ich glaub, ich kann ihn nicht finden, Sir. . . *Explosion.*

Halt, er ist bestimmt in Graben vier. Ich hol ihn schnell.

Er will aus der Deckung kriechen.

BIGGS *verliert die Beherrschung* He! Zum Teufel, Mann, vergiß es!

Alle sehen Biggs nach seinem Ausbruch an, als könnten sie seine Undankbarkeit kaum fassen.

BLACKITT Oh! Ach!

SPADGER Sie sollten so was nicht sagen, Sir. Jetzt haben Sie seine Gefühle verletzt, Sir.

BLACKITT Kümmer dich nicht um mich, Spadge . . . die feinen Herren sind doch alle gleich . . . erst heißt es immer »Bitteschön« und »Danke vielmals« – und im nächsten Moment treten sie dir die Fresse ein. . .

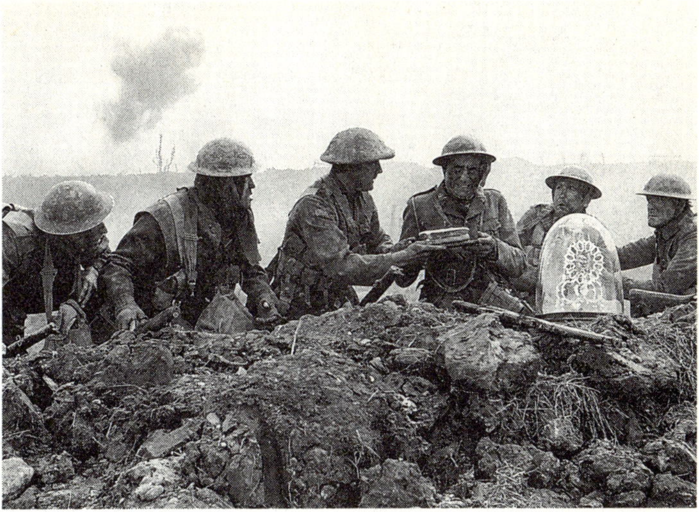

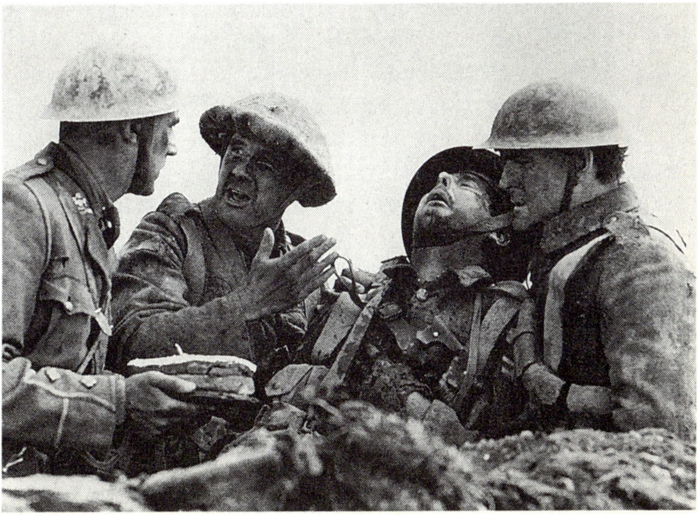

WALTERS Dafür kriegt er den Kuchen nicht. . .

BIGGS Ich will überhaupt keinen Kuchen. . .

SPADGER So! Und Blackitt hat ihn extra für Sie gebakken. Sie Mistkerl!

Alle schauen auf Blackitt, der sich im Dreck wälzt.

STURRIDGE Jawohl, er hat sechs Wochen lang seine Rationen aufgespart.

BIGGS Tut mir leid, ich wollte nicht undankbar erscheinen.

BLACKITT Ich komm schon durch.

SPADGER Blackie! Blackie! *Er wendet sich mit Tränen in den Augen zu Biggs.* Sehen Sie ihn an . . . *Er richtet Blackitt halb auf.* Er hat an diesem Kuchen gearbeitet, wie noch keiner an einem Kuchen gearbeitet hat. *Er läßt ihn zurücksacken.* In manchen Nächten war es so kalt, daß wir uns kaum bewegen konnten, aber Blackitt war draußen, Zitronen schneiden, den Zucker und die Mandeln verrühren . . . ich meine, versuchen Sie mal, Butter zu zerlassen bei 15 Grad unter Null! Es steckt so viel Liebe in diesem Kuchen . . . *Er richtet Blackitt wieder auf.* Die Liebe dieses Mannes, dieses Mannes Sorgfalt und dieses Mannes . . . Aaaaah! *Er wird erschossen.*

BIGGS *rennt in Panik zu ihnen herüber* O mein Gott!

STURRIDGE Sie Mistkerl.

BIGGS Ist schon in Ordnung. In Ordnung. *Feierlich* Wir werden diesen Kuchen essen. Sie hatten recht . . . dieser Kuchen ist einfach zu gut, um nicht gegessen zu werden. Holen Sie Teller und Messer, Walters. . .

WALTERS Ja, Sir . . . wie viele Teller?

BIGGS Sechs.

Ein Schuß fällt. Walters kippt tot um.

Äh . . . nein . . . wohl besser nur fünf.

STURRIDGE Tischtuch, Sir?

BIGGS Ja, hol das Tischtuch. . .

Ein Knall. Sturridge wird erschossen.

Halt, halt, halt. Ich werde das Tischtuch selbst holen,
Sie bringen besser den Klapptisch, Hordern.

Hordern wird am Bein getroffen.

HORDERN *tapfer* Aaah! Und die kleinen Untersetzer?

BIGGS Ja, und wenn Sie schon dabei sind, bringen Sie
gleich die Platzdecke mit.

HORDERN Ich hol zwei, Sir, falls eine verknittert.

*In diesem Moment erkennen wir, daß alles nur ein Film
war, den ein General in einem Hörsaal vorführt.*

GENERAL Na ja, natürlich ist Kriegführen kein reines
Vergnügen. Ja, aufhören! *Der Film auf einer kleinen
Leinwand neben ihm wird angehalten.* Das taugt alles sehr
gut dazu, sich über das Militär lustig zu machen, aber
wenn man den Sinn des Lebens genau betrachtet,
handelt es sich dabei um die Auseinandersetzung
entgegengesetzter Weltanschauungen an sich. Und
ohne die Fähigkeit, seine eigene Anschauung gegen
andere, womöglich aggressivere Ideologien zu ver-
teidigen, hätte der ganz normale gesunde Men-
schenverstand bald nicht mehr viel zu melden. Deswegen werden wir immer eine Armee brauchen, und
Gott soll mich strafen, wenn es anders ist.

*Die Hand Gottes kommt von oben und pulverisiert ihn.
Das Publikum, ein Herr, zwei alte Damen, zwei Kinder,
applaudiert heftig.
Draußen auf dem Kasernenhof drillt Sergeant Major
Wieimmererheißenmag einen Zug Rekruten.*

SERGEANT Steht hier nicht rum und glotzt, als hättet ihr

noch nie die Hand Gottes gesehen. Auf, auf! Heute werden wir lernen, wie man diesen Platz rauf und runter marschiert – falls irgendeiner von euch nichts besseres vorzuschlagen haben sollte? Na, niemand, der irgendwas lieber täte, als diesen Platz hier rauf und runter zu marschieren? *Atkinson hebt die Hand.* Ja, Atkinson? Was täten Sie denn lieber, Atkinson?

ATKINSON Also, um ganz ehrlich zu sein, Sarge, ich wäre lieber daheim bei Frau und Kindern.

SERGEANT Wärest du das lieber?

ATKINSON Jawohl, Sergeant.

SERGEANT Und genau da gehst du jetzt hin!

Atkinson ab.

Und? Alle anderen zufrieden mit meinem kleinen Vorschlag, hier ein bißchen den Platz rauf und runter zu marschieren?

COLES Sarge...

SERGEANT Ja?

COLES Ich hab da ein Buch, das ich ganz gern lesen würde.

SERGEANT Klar! Du gehst sofort dein Buch lesen!

Coles rennt davon.

Sonst jeder damit zufrieden, bei meinem kleinen Planspiel, den Platz herauf und herunter zu marschieren, mittun zu dürfen?!

WYCLIF Sarge?

SERGEANT Ja, Wyclif, was gibt's?

WYCLIF *schüchtern* Na ja ... ich ... äh ... lerne Klavier...

SERGEANT *beherrscht* Du lernst Klavier?

WYCLIF Jawohl, Sarge...

SERGEANT Und ich nehme an, du würdest gern üben gehen, wie? Den Platz rauf und runter zu marschieren ist für dich nicht gut genug, was?

WYCLIF Na ja. . .

SERGEANT Na klar. Und ab geht's! *Wendet sich an den Rest* Und was ist mit dem Rest von euch? Würdet auch lieber im Kino sitzen, hab ich recht?

SOLDATEN Oh, ja, mh, doch. . .

SERGEANT Alles klar. Ab die Post!

Alle ab.

Scheiß-Armee! Ich weiß nicht, wohin das noch führen soll . . . na dann . . . Sergeant-Major! Vorwärts . . . Marsch! Den Platz rauf und runter . . . und links-rechts-links . . . und links . . . und links . . . und links-rechts-links. . .

Der Sergeant-Major gibt sich selbst Befehle und marschiert tapfer ab.

Der Gedanke von Demokratie und Humanismus war immer schon das Markenzeichen der Britischen Armee und hat ihrem Triumphmarsch durch die Weltgeschichte seinen Stempel aufgedrückt, selbst in den gottverlassensten Winkeln des Empires.

Und ganz gleich, wo und wann es in den Kampf ging, es war stets die gelassene Führerschaft der Offiziersklasse, die aus der Britischen Armee das gemacht hat, was sie ist. . .

Der erste Zulu-Krieg
Natal 1879 (nicht Glasgow)

In einem Zelt.

PAKENHAM-WALSH Morgen, Ainsworth.

AINSWORTH Morgen, Pakenham-Walsh.

PAKENHAM-WALSH Gut geschlafen?

AINSWORTH Nicht schlecht. Bis auf die Knochen zerbissen allerdings. Muß ein Loch sein in dem verdammten Moskitonetz.

PAKENHAM-WALSH Sind schon wilde kleine Mistviecher, wie?

FIRST LIEUTENANT CHADWICK *tritt ein* Entschuldigung, Sir.

AINSWORTH Was gibt's, Chadwick?

CHADWICK Ich fürchte, Perkins ist ziemlich schlimm gebissen worden heute nacht.

AINSWORTH Genau wie wir. Tja.

CHADWICK Ja, aber ich glaube, der Doktor sollte ihn sich mal ansehen.

AINSWORTH Na, dann sagen Sie ihm doch Bescheid.

CHADWICK Besser wär's, Sir.

AINSWORTH Schätze, ich schau auch mal nach ihm. Mitkommen, Pakenham?

PAKENHAM-WALSH Schätze schon. *Zum Burschen, der Pakenhams Jacke trägt* Komm mit!

Ainsworth und Pakenham-Walsh schlängeln sich seelenruhig durch das Kampfgetümmel. Pakenham-Walshs Bursche wird von einem Zulu-Speer durchbohrt, doch Pakenham rettet geistesgegenwärtig seine Jacke vor dem Dreck. Sie betreten Perkins' Zelt. Perkins sitzt auf seinem Feldbett und liest in einem Buch.

Ainsworth Morgen, Perkins.

Perkins Morgen, Sir.

Ainsworth Wo drückt denn der Schuh?

Perkins Gebissen worden, Sir, heute nacht.

Ainsworth Hmm. Ganzes Bein ab, wie?

Perkins Ja.

Während sie sich unterhalten, dauert der Schlachtenlärm draußen an. Todesschreie und das Geknister brennender Zelte.

Ainsworth Wie fühlt sich's an?

Perkins Sticht ein bißchen.

Ainsworth Tja, muß wohl, mh? Ganz netter Biß, den Sie da abgekriegt haben, wissen Sie.

Perkins Wie aus dem Lehrbuch, nicht?

Ainsworth Irgendeine Ahnung, wie es passiert ist?

Perkins Keinen Schimmer. Stehe vor einem Rätsel. Eben aufgewacht . . . eine Socke zu viel.

Pakenham-Walsh Sie müssen da ein Mordsloch in Ihrem Netz haben.

Ainsworth Hm. Na ja, wir haben dem Doktor Bescheid geben lassen.

Perkins Ach, lohnt doch kaum, oder?

Ainsworth Doch, doch! Vorsicht ist besser als Nachsicht.

Pakenham-Walsh Ja, großer Gott, schaut euch das an!

Er weist auf ein gigantisches Loch im Moskitonetz.

Ainsworth Jessas, das ist ja enorm.

Pakenham-Walsh Sie glauben doch nicht, das Biest kommt wieder, oder?

Ainsworth Für den Rest, meinen Sie?

Pakenham-Walsh Genau.

AINSWORTH Sie haben recht, wir sollten das besser flicken lassen.

PAKENHAM-WALSH Eben.

AINSWORTH Hallo, Doktor.

LIVINGSTONE *betritt gemütlich eine Pfeife schmauchend das Zelt* Morgen. Bin so schnell gekommen, wie ich konnte. Irgendwas passiert?

AINSWORTH Tja, heute nacht hat der alte Perkins eine Art ... Abbiß gehabt ... am Bein.

LIVINGSTONE Aha!? Ein bißchen mitgenommen, wie?

PERKINS Tja.

LIVINGSTONE Irgendwelche Kopfschmerzen, Stuhlgang normal? Na, dann wollen wir uns Ihr eines Bein mal genauer anschauen .... *betrachtet ein wenig den Stumpf* Ja ... ja ... ja ... ja ... ja ... ja ... ja ... na, kein Grund zur Besorgnis.

PERKINS Sehr schön.

LIVINGSTONE So was kommt häufiger vor, vermutlich ein Virus ... Warmhalten, viel Ruhe, und wenn Sie Fußball spielen oder so was, versuchen Sie, das andere Bein zu belasten.

PERKINS Wird schon. Sicher.

LIVINGSTONE So sicher, wie es bald wieder Regen gibt.

PERKINS Danke für die beruhigenden Worte, Doktor.

LIVINGSTONE Keine Ursache. Dafür bin ich ja da. Noch irgendwelche Beschwerden, wegen derer ich Sie beruhigen kann?

PERKINS Nein, mir geht's bestens.

LIVINGSTONE Um so besser. Also dann, muß wieder los.

PERKINS Es wird also einfach wieder nachwachsen, oder?

LIVINGSTONE Na ja ... ich glaube, ich sollte Ihnen reinen Wein einschenken ... es ist ... also, ein Virus ist es nicht. Sehen Sie mal, ein Virus ist, wie wir Ärzte sagen, sehr, sehr klein. So klein, daß er sich wahrscheinlich mit einem ganzen Bein kaum so einfach aus dem Staub machen könnte. Worauf wir uns hier vorbereiten sollten, ist, soweit ich sehe – und das ist auch nicht mehr als eine fachliche Vermutung, das möchte ich ganz klarstellen –, ist eine multicellulare Lebensform mit Streifen und riesigen rasiermesserscharfen Zähnen, ungefähr drei Meter lang aus dem Geschlecht der felis horribilis. Wir Ärzte würden das einen Tiger nennen.

ALLE IM ZELT Ein Tiger!

Draußen unterbrechen alle Beteiligten, einschließlich der Zulus, die Kampfhandlungen, um in Panik auszurufen:

ALLE Ein Tiger!

Die Zulus fliehen, gleichzeitig fallen die Soldaten scharenweise tot um.

PAKENHAM-WALSH Ein Tiger – in Afrika?

AINSWORTH Hm?

PAKENHAM-WALSH Ein Tiger in Afrika???

AINSWORTH *verlegen* Na ja, vermutlich aus einem Zoo ausgebrochen. . .

PAKENHAM-WALSH Ach, das klingt aber nicht sehr wahrscheinlich.

AINSWORTH *peinlich berührt* Dumm-di-dumm. . .

Ein schwerverwundeter Sergeant taumelt ins Zelt.

SERGEANT Sir, Sir, der Angriff ist vorbei, Sir! Die Zulus ziehen sich zurück.

AINSWORTH *abweisend* Prächtig, prächtig. *Er wendet sich wieder der Gruppe um Perkins zu.*

SERGEANT Trotzdem ziemlich schwere Verluste, Sir. Die C-Division ausgelöscht. Flaggen verloren. Dreißig

Mann in der F-Abteilung gefallen. Ich würde sagen, insgesamt hundert – hundertfünfzig Mann ungefähr.

AINSWORTH *nicht sehr interessiert* Jaja, verstehe . . . ja, prächtig, prächtig.

SERGEANT Ich habe die endgültigen Zahlen noch nicht, Sir. Es gibt eine Menge Schwerverwundeter bei der Truppe . . .

AINSWORTH *unterbricht ihn* Tja . . . also, die Sache ist die, Sergeant, ich habe ein kleines Problem hier. *Mit Nachdruck* Einer der Offiziere hat ein Bein verloren.

SERGEANT *überwältigt von dieser Neuigkeit* O nein, Sir!

AINSWORTH *gewichtig* Ich fürchte doch. Vermutlich ein Tiger.

SERGEANT In Afrika?

PAKENHAM-WALSH *schaut in die Luft* Dumm-di-dumm. . .

AINSWORTH *übergeht die Frage* Der Doktor meint, wir können es wieder annähen, falls wir es schnell genug finden.

SERGEANT Alles klar, Sir. Ich werde ihnen persönlich Beine machen.

AINSWORTH Finden Sie solche Scherze besonders passend, Sergeant?

SERGEANT Den Leuten vom Suchtrupp. . .

AINSWORTH Ah, das hört sich schon viel besser an. Ich sage Ihnen was: Stellen Sie unverzüglich einen auf.

SERGEANT Jawohl, Sir.

Draußen liegen überall britische Soldaten (der niederen Ränge) herum.

SERGEANT *abbittend* Tut mir leid wegen der Unordnung, Sir, wir haben das aufgeräumt, wenn Sie zurückkommen.

Sie überqueren die blutige Walstatt. Ordonnanzen entfernen munter die gleichfalls munteren Verwundeten und die nicht ganz so munteren Toten.

EIN STERBENDER *blutüberströmt* Denen haben wir's aber gezeigt, Sir, oder nicht?

AINSWORTH Ja, doch.

Er stößt einen Seufzer aus und stirbt.

SERGEANT *zu einem Soldaten, der einem Sterbenden Wasser reicht* Laß den liegen, wir müssen einen Suchtrupp aufstellen.

EIN MUNTERER COCKNEY *mit einem Assagai-Speer in der Brust* Dat macht Spaß, Sir, mor'smäßig . . . dat ganze Töten . . . Blutvergießen . . . mor'smäßiger Spaß, Sir, mor'smäßig . . .

AINSWORTH *befremdet* So. Um so besser.

Er grüßt und geht weiter.

EIN VERLETZTER KOPF Morgen, Sir.

AINSWORTH Häßliche Wunde haben Sie da, Potter.

VERLETZTER KOPF *munter* Heißen Dank, Sir.

AINSWORTH *zu einem Soldaten* Mitkommen, Soldat, wir veranstalten eine Suchaktion.

Er stößt den Soldaten an, der zerfällt in sauber durchtrennte Scheiben.

EIN WEITERER SCHWERSTVERWUNDETER Besser als zu Hause bleiben, wie, Sir? Wenn du zu Hause einen umbringst, sperren sie dich ein. Hier geben sie dir ein Gewehr und zeigen dir, was du zu tun hast, Sir. Ich meine, ich hab fünfzehn von diesen Wichsern umgebracht, Sir! Na, zu Hause würden sie mich dafür hängen. Hier krieg ich noch einen scheiß Orden dafür, Sir!

Der Trupp, der Perkins Bein sucht, inklusive Perkins in

einer Sänfte, kommt durch dichten Dschungel. Als sie auf eine Lichtung vorrücken, erkennen sie einen Tigerkopf, der aus dem Gebüsch ragt.

AINSWORTH Da!

Ihre Augen folgen der Buschreihe mehrere Meter bis zu dem Punkt, wo der Schwanz des Tieres herausguckt.

AINSWORTH Gott, ist der groß!

Alle feuern kurzentschlossen eine Salve in das Gebüsch. Der Tigerkopf tritt mit erhobenen Pranken aus dem Dickicht. Gefolgt in einiger Entfernung vom Tiger-Hinterteil.

VORDERTEIL Nicht schießen . . . nicht schießen. Wir sind kein Tiger . . . Wir wollten gerade . . . tja . . .

AINSWORTH Aber warum haben Sie sich als Tiger verkleidet?

HINTERTEIL Hmmm . . . ? Ach . . . warum? Warum, warum . . .

VORDERTEIL Schöner Tag heute, nicht wahr?

AINSWORTH Beantworten Sie meine Frage.

HINTERTEIL Ach, wir wollten gerade . . . äh . . .

VORDERTEIL In Wirklichkeit ist es so! Wir haben uns als Tiger verkleidet, weil . . . ach nein, das trifft es nicht.

HINTERTEIL Es war bloß so ein Jux. Eine Schnapsidee. Übermut, verstehen Sie. So einfach ist das! Ha, ha. . .

VORDERTEIL Weiter nichts, ha, ha. . .

Alle starren sie an.

Also in W i r k l i c h k e i t . . . sind wir hier für den Britischen Geheimdienst, es gibt da einen pro-zaristi-schen Ashanti-Häuptling. . .

HINTERTEIL *stößt ihn an* Nein, nein. . .

VORDERTEIL Nein, nein, nein. . .

HINTERTEIL Nein, nein, wir sind auf einem Reklame-feldzug. . .

VORDERTEIL Genau, das ist es. Vergessen Sie die Russen. Wir machen Werbung für Tiger-Röst-Kaffee.

HINTERTEIL »Tiger-Röst-Kaffee, das ist vielleicht ein Schmaus. Sogar Tiger schlagen dafür vielleicht viel Fleisch aus.«

Pause.

AINSWORTH Hören Sie mal. . .

HINTERTEIL Schon gut, schon gut. Wir sind als Tiger verkleidet, weil wir ein Tantchen hatten, das das 1834 auch gemacht hat, und heute ist der 50. Jahrestag.

VORDERTEIL Nein. Es geht um eine Wette.

HINTERTEIL Es war göttliche Eingebung.

VORDERTEIL Um die Wahrheit zu sagen, wir sind völlig verrückt. Wir sind Insassen einer bengalischen Heil- und Pflegeanstalt und konnten entfliehen, weil wir uns dies Fell aus gebrauchten Haferflocken-Packungen gemacht haben. . .

PERKINS Das spielt keine Rolle.

AINSWORTH Was?

PERKINS Es spielt doch keine Rolle, w a r u m sie als Tiger verkleidet sind, sondern nur ob sie mein Bein haben?

AINSWORTH Guter Gedanke. Also haben Sie es?

HINTERTEIL Eigentlich. . .

AINSWORTH Ja?

HINTERTEIL . . . ist es so, daß wir an eine Ausbildung als Tierpräparator gedacht haben und ein Gefühl dafür kriegen wollten, aus der Sicht des Tiers.

AINSWORTH Ruhe! Passen Sie mal auf, wir möchten lediglich von Ihnen wissen, ob Sie das Bein dieses Mannes haben.

VORDERTEIL Ein Holzbein?

AINSWORTH Nein, nein, ein richtiges Bein. Er war im

Tiefschlaf, und irgend jemand oder irgend etwas kam rein und nahm es mit.

VORDERTEIL Ohne ihn aufzuwecken?

AINSWORTH *irritiert* Mmh... ja!

VORDERTEIL Das glaub ich nicht.

HINTERTEIL Das Tigerfell haben wir in einem Fahrradgeschäft in Kairo gefunden, und der Besitzer wollte, daß es nach Daressalam gebracht wird.

AINSWORTH Schnauze! Zum letzten Mal, haben Sie das Bein, oder haben Sie das Bein nicht?

HINTERTEIL Ja!

VORDERTEIL Nein!

HINTERTEIL Nein!

BEIDE Nein, nein, nein, nein, nein, nein ... Nei-nein.

AINSWORTH Warum haben Sie dann ja gesagt?

VORDERTEIL Hab ich nicht.

AINSWORTH Mit Ihnen rede ich nicht.

HINTERTEIL Ähm ... äh...

AINSWORTH Alles klar! Durchsucht das Dickicht!

VORDERTEIL Ach, hört doch auf, ich meine, sehen wir aus wie Typen, die in ein Lager schleichen ... nachts, in jemandes Zelt schlüpfen, ihn anästhesieren, Gewebeproben nehmen, ein Bein amputieren und damit wegrennen?

AINSWORTH *überlegt kurz* Das Dickicht durchsuchen!

VORDERTEIL Ach, Bein! Ihr sucht ein Bein! Irgendwie glaube ich, da müßte irgendwo eins drin sein. Irgend jemand muß das hier wohl bereitgelegt haben, weil er gewußt hat, daß ihr danach suchen kommt, und wir sind darüber gestolpert und haben uns schon gewundert, was das soll... Die sind jetzt längst über alle Berge, und ich habe den Verdacht, wir werden jetzt die ganzen Vorwürfe zu hören kriegen...

Während des letzten Wortwechsels ist ein Eingeborener aufgetaucht, der in die Kamera linst, wobei der Dialog hinter ihm weitergegangen ist. Sodann halbiert er per Reißverschluß seinen Körper, um darunter einen tadellos gekleideten weißen Ansager im Smoking und mit Fliege zum Vorschein zu bringen.

ZULU-ANSAGER Hallo, guten Abend und Willkommen zur Mitte-des-Films.

MODERATORIN *im Studio* Hallo und Willkommen zur Mitte-des-Films. Gelegenheit für eine kleine Unterbrechung, um Sie, das Publikum, einzuladen, uns, die Filmemacher, zu unterstützen, wenn es wieder einmal heißt: »Finde den Fisch«. Wir werden Ihnen gleich eine Szene aus einem anderen Film zeigen und Sie dann bitten zu raten, wo der Fisch ist. Und sobald Sie glauben, das zu wissen, behalten Sie es nicht für sich – SCHREIEN SIE AUF –, so daß das ganze Kino Sie hören kann. Und da wären wir auch schon mit »Finde den Fisch«.

FINDE DEN FISCH

MANN Ich möchte wissen, wo dieser Fisch
geblieben ist.

FRAU Du hattest ihn so gern.
Du hast dich um ihn gesorgt
wie um einen Sohn.

MANN *befremdlich* Und er ging hin, wo immer
ich hin ging.

FRAU Ist er im Küchenschrank?

PUBLIKUM Ja! Nein!

FRAU Würden Sie's nicht auch gern wissen?
Es war so ein niedlicher kleiner Fisch.

MANN *befremdlich* Und er ging hin, wo immer
ich hin ging.

MANN IM PUBLIKUM Er ist hinter dem Sofa.

Ein Elefant gesellt sich zu dem Mann und der Frau.

FRAU Wo kann der Fisch nur stecken?
MANN IM PUBLIKUM Habt ihr an die Schubladen
im Büro gedacht?
FRAU Der Fisch ist äußerst schwer zu fassen.
MANN *befremdlich* Und er ging hin, wo immer
ich hin ging.
FRAU O Fischli, Fischli, Fischli, Fisch.
MANN Fisch, Fisch, Fisch, Fischli, ooh!
FRAU O Fischli, Fischli, Fischli, Fisch!
MANN *befremdlich* Der hinging, wo immer ich
hinging.

Die Fische im Bassin.

ERSTER FISCH Das war Spitze.
ZWEITER FISCH Stark.
DRITTER FISCH Die beste Nummer bisher.
ALLE FISCHE Jawoll! Absolut! Super! Phantastisch!
Echt stark!

Pfiffe. »Mehr davon!«-*Rufe . . . Pause.*

FÜNFTER FISCH Über den Sinn des Lebens haben sie bis
jetzt noch nicht allzuviel gesagt, oder?
ERSTER FISCH Nun, es wird langsam darauf hingear-
beitet.
ZWEITER FISCH Wird's das?
FÜNFTER FISCH O ja, ich rechne fest damit, daß sie jetzt
darauf kommen.
DRITTER FISCH Ich persönlich hege ja große Zweifel,
ob sie überhaupt irgend etwas über den Sinn des
Lebens sagen werden.

VIERTER FISCH Ach, hör doch auf . . . irgendwas müssen sie doch dazu sagen. . .

ANDERE FISCHE Eigentlich . . . ja . . . ja doch . . .

Sie schwimmen ein wenig herum.

ZWEITER FISCH Nicht viel los im Moment, oder?

DER SINN DES LEBENS
TEIL IV
Mittel-Alter

Eine Hotelhalle. Die Lifttür geht auf. Mrs. Hendy kniet vor ihrem Mann und ist auf recht intime Weise mit dem Teleobjektiv von Mr. Hendys Kamera beschäftigt, die diesem in etwa vor dem Latz baumelt.

MR. HENDY *nimmt die Kamera, schaut durch* Oh, schon viel besser. Danke, Schatz.

MRS. HENDY Bitte, bitte.

MR. HENDY Vorher war alles so verschwommen. So ist es besser.

Ein fremdartiges Mädchen in einer Krinoline tritt auf. Es handelt sich um Mylady Joeline, gespielt von Mr. Gilliam.

JOELINE Hi! Wie geht's denn?

MR. HENDY Ach, uns geht's gut.

JOELINE Und was hättet ihr gern zum Abendessen?

MR. HENDY Na ja, wir hätten nichts gegen Ananas...

MRS. HENDY O ja, wir mögen Ananas...

MR. HENDY Klar, alles was mit Ananas ist, ist das Größte für uns.

JOELINE Wie wär's dann mit dem Folterkeller?

MR. HENDY Hört sich toll an.

JOELINE Eben. Original hawaiianische Küche serviert in der authentischen Atmosphäre eines mittelalterlichen englischen Folterkellers.

Aufs Stichwort versengt ein rotglühendes Brandeisen das Fleisch irgendeines armen Opfers. Wir sind im Restaurant: Dunkel, voller Folterinstrumente, Ketten und weiterem Geisterbahnzubehör.

Man setzt sich. Eine Kellnerin tritt auf, kostümiert wie ein Beefeater in einer Travestieshow.

KELLNERIN Hallo, ich bin Diana, ich bin Ihre Kellnerin für heute abend . . . woher sind Sie?

MR. UND MRS. HENDY Wir sind aus Zimmer 259.

MR. HENDY Und woher kommen Sie?

KELLNERIN *zeigt Richtung Küche* Ach, ich komme aus einer der Türen dort hinten.

MR. HENDY Ach.

MRS. HENDY Toll. . .

KELLNERIN *nimmt etwas vom zentralen Serviertisch* Eiswasser. . .

MRS. HENDY Oh, vielen Dank.

KELLNERIN Kaffee. . .

MR. HENDY Allerbesten Dank.

KELLNERIN Ketchup. . .

MR. HENDY Oh, prima . . . wirklich nett. . .

KELLNERIN Einen Fernseher. . . ?

MR. HENDY Ach . . . warum nicht?

MRS. HENDY Klar, Spitze. . .

Die Kellnerin klotzt einen Fernseher auf den Tisch.

KELLNERIN Telefon?

MR. HENDY Hm . . . Telefon?

KELLNERIN Nach sechs können Sie jeden anderen Tisch im Restaurant anrufen.

MR. HENDY Hört sich gut an.

MRS. HENDY Soviel Auswahl. . .

MR. HENDY Ja, genau. . .

KELLNERIN Okay . . . wollen Sie irgendwelche Nahrungsmittel zu Ihrem Essen?

MR. HENDY Na ja, was gibt's denn?

KELLNERIN Nun, wir haben so Sachen in Grün oder wir haben noch so Sachen in Braun. . .

MR. HENDY Was meinst du, Liebling?

MRS. HENDY Na ja, es ist immerhin unser Hochzeitstag, Marvin. . .

MR. HENDY Eben . . . was soll's . . . wir nehmen ein paar von den braunen Dingern, bitte. . .

KELLNERIN Okay, sehr schön . . . danke Sir. . . *sie notiert* zweimal Braun für 259 . . . Und werden Sie heute Verkehr haben . . .?

MR. HENDY Äh . . . müssen wir das gleich entscheiden . . .

MRS. HENDY Hört sich doch vielversprechend an, Schatz. Ich meine, klingt doch prima. Ich meine, warum nicht?

MR. HENDY Ja, klar . . . könnte ganz lustig werden. . .

Die Kellnerin zieht ein Kondom hervor und klatscht es auf den Tisch.

KELLNERIN Mit den besten Empfehlungen des Hauses »Super Inn« – einen netten Fick wünsche ich.

MR. HENDY Oh, vielen Dank.

KELLNERIN Bitte.

Sie geht ab.

MR. HENDY *liest* »Super Inn Skins« – klingt doch nett.

Augenblicklich kommt eine hawaiianische Band musizierend zur Tür herein und umringt kurz Mr. und Mrs. Hendys Tisch, bevor die beiden sich selbst überlassen bleiben und ihrer eigenen Erfindungsgabe, die nicht allzu groß ist. Eine längere Stille folgt.

KELLNER Guten Abend . . . Wie wär's mit ein paar Gesprächsthemen?

Er überreicht jedem eine Karte mit der Auflistung der Themen.

Mr. Hendy Oh, das wäre großartig.

Kellner Unsere Spezialität heute abend wären Minderheiten. . .

Mr. Hendy Hört sich wirklich interessant an. . .

Mrs. Hendy Und was ist mit dieser Unterhaltung hier. . . ?

Kellner Ach, das ist Football . . . Sie können über das Spiel am Samstag reden, Stealers gegen Bears . . . oder Sie können in Erinnerungen schwelgen über unvergessliche World-Series-Matches. . .

Mrs. Hendy Nein, bloß nicht.

Mr. Hendy Was ist denn damit?

Kellner Da geht's um Philosophie.

Mrs. Hendy Ist das ein Sport?

Kellner Nein, es ist eher der Versuch, eine überlebensfähige Hypothese zur Erklärung des Sinns des Lebens aufzustellen.

Die Fische im Bassin stellen plötzlich ihre Flossen auf.

Fische He! Was hat er gesagt? Wie?

Mr. Hendy Oh, das klingt fabelhaft . . . Würdest du gern über den Sinn des Lebens reden, Liebling?

Mrs. Hendy Sicher, warum nicht.

Kellner Zweimal Philosophie?

Mr. Hendy Einverstanden. . .

Kellner notiert sich die Bestellung, will ab.

Mr. Hendy Und wie sollen wir. . . ?

Kellner Oh! Soll ich für Sie den Anfang machen, meine Freunde?

Mr. Hendy Ja, wirklich . . . wir würden das begrüßen. . .

Kellner Okay. Also, äh . . . paßt auf: Habt ihr euch je gefragt, warum wir eigentlich hier sind?

MR. HENDY Tja . . . wir waren letztes Jahr in Miami und vorletztes Jahr in Kalifornien, und wir haben. . .

KELLNER Nein, nicht doch . . . ich meine, warum wir ausgerechnet hier sind. Auf diesem Planeten?

MR. HENDY *unsicher* N. . .n. . .neigentlich nicht.

KELLNER Okay. Habt ihr jemals wissen wollen, was das Ganze soll?

MR. UND MRS. HENDY *voller Stolz* Nein!!

KELLNER Na gut. Also, paßt auf, im Lauf der Geschichte hat es verschiedene Männer und Frauen gegeben, die versucht haben, die Lösung des Rätsels unserer Existenz zu finden.

MRS. HENDY Toll!

KELLNER Und diese Typen nennen wir »Philosophen«.

MRS. HENDY Und darüber reden wir!

KELLNER Genau!

MRS. HENDY Wie süß!

KELLNER Na, sieht aus, als hättet ihr den Ansatz kapiert, warum soll ich euch dann nicht diese Gesprächskarten geben – sie erzählen euch ein bißchen über philosophische Methoden, Namen berühmter Philosophen . . . Da habt ihr sie. Ich wünsche angeregte Unterhaltung!

MR. HENDY Danke! Danke vielmals.

Kellner ab.

MRS. HENDY Ist der schlau!

MR. HENDY Ja, sehr verständig.

Sie sitzen da und sehen sich die Karten an, dann eröffnet Mrs. Hendy ziemlich formell und unerwartet die Unterhaltung.

MRS. HENDY Oh! Ich wußte gar nicht, daß Schopenhauer Philosoph war. . .

MR. HENDY Aber ja! Das ist der, der mit S anfängt.

MRS. HENDY Ach. . . !

MR. HENDY Hmmm . . . *Pause*. Wie Nietzsche. . .

MRS. HENDY Fängt Nietzsche mit S an?

MR. HENDY Aber es gibt ein S in Nietzsche. . .

MRS. HENDY *guckt in die Karte* Hach, ja! Ja, da ist eins. . . Ob alle Philosophen ein S haben?

MR. HENDY Ja, schon, die meisten jedenfalls.

MRS. HENDY Ach! Heißt das, Selina Jones ist eine Philosophin?

MR. HENDY Schon möglich, klar . . . Sie singt über den Sinn des Lebens.

MRS. HENDY Ja, das stimmt. Aber ich glaube nicht, daß sie ihre Lieder selbst schreibt.

MR. HENDY Nee. Vielleicht schreibt Schopenhauer für sie!

MRS. HENDY Nee . . . Burt Bacharach macht das.

MR. HENDY Burt Bacharach hat kein S.

MRS. HENDY Hal David auch nicht. . .

MR. HENDY Wer ist Hal David?

MRS. HENDY D e r schreibt die Texte, Burt schreibt nur die Musik . . . jetzt ist er allerdings mit Carol Bayer Sager verheiratet . . .

MR. HENDY Ach . . . Kellner . . . ! Diese Unterhaltung ist nicht sehr gut.

KELLNER Oh, tut mir leid, Sir . . . wir haben heute noch eine, die nicht auf der Karte steht . . . Es ist gewissermaßen . . . äh . . . die Spezialität des Hauses. Lebend transplantierte Organe.

MRS. HENDY Lebend transplantierte Organe? Was ist d a s denn?

DER SINN DES LEBENS
TEIL V
Lebend transplantierte Organe

Ein Foto von Kaiser Haile Selassi hängt an der Wand eines Vorstadthäuschens. Oben spielt eine einsame Violine »Hava Nagila«. Die Türklingel geht.

MR. BLOKE Laß nur, Schatz, ich geh schon!

Er öffnet die Tür.

ERSTER MANN Hallo, äh, könnten wir Ihre Leber haben?

MR. BLOKE Meine was?

ERSTER MANN Ihre Leber . . . diese große Drüse in Ihrem Unterleib . . . wissen Sie, so ein rotbraunes Organ, es ist so eine Art –

MR. BLOKE Ja, ich weiß, was eine Leber ist . . . aber ich benutze sie noch.

ZWEITER MANN Also los, Sir. Sie wollen uns doch wohl keine Schwierigkeiten machen.

Sie drängen hinein.

MR. BLOKE He!

Sie machen die Tür hinter sich zu. Der erste Mann durchsucht Mr. Bloke und findet in einer Jackentasche eine Karte.

ERSTER MANN So? Und was ist das hier?

MR. BLOKE Eine Leber-Spender-Karte.

ERSTER MANN Müssen wir noch deutlicher werden?

ZWEITER MANN Nein!

MR. BLOKE Hören Sie, ich kann sie Ihnen nicht überlassen. Da steht doch: »Im Falle des Todes. . .«

ERSTER MANN Das hat noch keiner überlebt, wenn
wir ihm die Leber rausgenommen haben. . .

Der zweite Mann kramt in einer Tasche. Werkzeug klirrt.

ZWEITER MANN Legen Sie sich grad' da hin, Sir, es
dauert bloß eine Minute.

*Sie werfen ihn auf den Eßtisch und der zweite Mann fängt
ohne weitere Vorbereitung an, ihn aufzuschlitzen. Mr.
Bloke schreit, wie man unter diesen Umständen eben schreit.
Eine recht strenge Dame erscheint in der Tür.*

MRS. BLOKE He-he! Was geht hier vor?!

ERSTER MANN Er spendet seine Leber, Madam. . .

MR. BLOKE Aaaaaaaah! Aaaaah! Ooooooh,
aaaaaaaah. . . !

MRS. BLOKE Hat er etwa eine von diesen blöden Karten
unterschrieben?

ERSTER MANN Genau, Madam.

MR. BLOKE Aaaaaaah! Ooh! Ooh! Oh. . . Gott. . .
aaaaah. . . aaaah. . .

MRS. BLOKE Das ist mal wieder typisch. Er geht in die
Stadtbücherei, sieht ein paar dieser Plakate . . .
kommt heim, gesteckt voll mit guten Vorsätzen. Er
spendet Blut, geht zur Vorsorge . . . nur solche
Sachen.

MR. BLOKE Aaaaaaaah. . . oooooh. . . aaah!

MRS. BLOKE Trotzdem, wozu brauchen Sie das ganze
Zeugs?

ZWEITER MANN Damit wird Leben gerettet, Madam.

MR. BLOKE Aaaaaah! Ooooooh. . . aaaa! Oooo. . . ooo
mein Goooott!

MRS. BLOKE Das hat er auch immer gesagt . . . alles zum
Wohl des Ganzen, hat er immer gesagt.

MR. BLOKE Aaaaaaah. . . au! Ooooh!

78

Mrs. Bloke Glauben Sie, daß das alles zum Wohl des Ganzen ist?

Erster Mann Ach, das kümmert mich weniger, Madam ... Wir machen nur unsern Job, wissen Sie...

Mr. Bloke Auaaaaaaaaaah! Auuuuu!

Mrs. Bloke Sie sind also gar keine Ärzte?

Erster Mann Ach! Gott bewahre ... nein!

Der zweite Mann grinst und blickt auf, während er im Bauch herumbaggert. Sie lachen. Ein Kopf erscheint im Türrahmen ... er gehört einem jungen Mann.

Junger Mann Mum, Dad ... Ich bin weg jetzt. Bin so gegen sieben zurück ...

Mrs. Bloke Ist recht, mein Sohn ... paß auf dich auf!

Mr. Bloke Aaaaah... aaaau! Oh... aaaaaah, aaaaah!

Mrs. Bloke Wie wär's, ähm ... mit einer schönen Tasse Tee?

Erster Mann Oh doch, das wäre sehr angenehm, ja... danke, vielen Dank, Madam. Danke schön. *Zu seinem Kollegen* Ich dacht schon, sie würde nie mehr fragen...

Er folgt ihr in die Küche ... schließt die Tür. Sie pusselt herum, bereitet den Tee vor...

Erster Mann Ihnen ist doch klar ... daß er ... nun ja ... tot sein muß ... wie es auf der Karte steht ... bevor er seine Leber spendet!?

Mrs. Bloke Tja, das hab ich ihm gleich gesagt ... aber er hört ja nicht auf mich ... der dumme Kerl...

Erster Mann Nur ... was werden Sie denn danach machen, hab ich mich gerade gefragt ... ich meine, wollen Sie allein bleiben ... oder gibt es da einen anderen ... oder so ... in Ihrem Leben?

MRS. BLOKE Für so was bin ich zu alt. Ich habe die Blüte meiner Jugend hinter mir. *Stupst den Mann neckisch.*

ERSTER MANN Aber nicht doch . . . Sie sind eine sehr attraktive Frau.

MRS. BLOKE *lacht kurz auf* Na . . . ich denke jedenfalls nicht daran, mich noch einmal zu binden. . .

ERSTER MANN Ganz bestimmt nicht?

MRS. BLOKE Ganz bestimmt nicht.

Pause.

ERSTER MANN *rückt ihr etwas näher* Können wir dann . . . Ihre Leber haben?

MRS. BLOKE Nein . . . ich möchte nicht sterben.

ERSTER MANN Ach, seien Sie doch nicht so . . . Ist doch ganz natürlich. Eine Sache von Minuten.

MRS. BLOKE Ach . . . ich hätte Angst.

ERSTER MANN Schon gut, ich werd Ihnen was erzählen. Hören Sie sich das mal an –

Ein Herr im rosa Abendanzug entsteigt dem Kühlschrank.

HERR IM ROSA ABENDANZUG
Es gibt Tage, da fühlt man sich down, Mrs. Brown,
Und alles wird einem zuviel.
Die Leute sind blöde, gehässig und falsch,
Und Sie haben genug von dem Spiel. . .

Als er zu singen anfängt, zerbersten die Küchenwände und geben den Blick auf einen phantastischen Sternenhimmel frei. Der Sänger nimmt Mrs. Bloke mit hinauf zu den Sternen.

Denkt daran, daß der Planet, auf dem ihr steht, sich um sich dreht,
Und zwar mit vierzehnhundert km/h,

Dreißig macht er pro Sekunde, und zwar immer auf
    der Runde
Um die Sonne, unser Kräftereservoir.
Sonne, Mond und Sterne und wir machen gut und
    gerne
1,6 Millionen Kilometer täglich
Durch unsere heimatliche Galaxis, in der Praxis
Auch Milchstraße genannt und sehr beweglich.

Darauf verteilt Billionen Sterne, nähere und ferne,
Auf hunderttausend Lichtjahre hin.
Fünfmal so dick um die Taille, wirkt bei uns
    die Kanaille
Mit nur dreitausend Jahr'n vergleichsweise dünn
Entfernt vom Zentrum sind wir um Lichtäonen,
Umrundungszeit: Zweihundert Jahrmillionen.
Und Galaxien gibt es wiederum Billionen
Im Universum, welches wir bewohnen.

Auf jeden Fall muß dieses All auch weiter
    expandieren,
Um jeden Preis, in jede Richtung, jederzeit,
Millionen Meilen pro Minute macht es, meine Gute,
Und das bedeutet Lichtgeschwindigkeit.
Bedenken Sie, wenn Sie sich klein und unbedeutend
    fühlen,
Welch reiner Zufall unser Leben ist,
Und beten Sie, es möcht' im All intelligentes Leben
    geben,
Hier auf Erden ist doch alles Megamist.

*Der Sänger ist wieder zurück in den Kühlschrank geklet-
tert, die Tür schnappt hinter ihm ins Schloß.*

Mrs. Bloke Man kriegt das Gefühl, so unbedeutend zu sein, nicht?

Erster Mann Ja, genau ... *Pause.* Können wir also Ihre Leber haben?

Mrs. Bloke Ja, in Ordnung. Überredet.

Erster Mann Eric!

Ein Schriftenmaler vollendet eben die Worte Leber-Spender GmbH *auf einer Wandtafel, die sämtliche Tochtergesellschaften der* Very Big Corporation of America *aufführt.*

Vorsitzender *der Very Big Corporation of America* ... was uns wiederum aufs Erschreckendste vor Augen führt, wieviel zu besitzen tatsächlich immer noch übrig ist. Punkt 6 der Tagesordnung: Der Sinn des Lebens ... Harry, Sie haben sich dazu ein paar Gedanken gemacht...

Harry Stimmt genau. Ich habe ein Team darauf angesetzt, die letzten paar Wochen, und worauf wir gestoßen sind, läßt sich auf zwei grundsätzliche Begriffe zurückführen ... Erstens ... die Leute tragen zu wenig Hüte. Zweitens ... es liegt an der Energie: Im Universum gibt es viele Energiefelder, die wir normalerweise gar nicht wahrnehmen. Einige Energien werden aus spirituellen Quellen gespeist, die Einfluß auf die Seele einer Person haben. Jedenfalls existiert diese Seele nicht ab initio, wie das orthodoxe Christentum lehrt, sie erhält ihre Existenzberechtigung vielmehr erst durch einen Prozeß gesteuerter Selbsterfahrung. Immerhin wird der selten abgeschlossen – dank der einzigartigen Fähigkeit des Menschen, sich von spirituellen Inhalten durch alltägliche Nebensächlichkeiten ablenken zu lassen.

Pause.

MAX Wie war das noch mal mit den Hüten?

HARRY Oh, ähm . . . die Leute tragen nicht genug.

VORSITZENDER Ist das sicher?

EDMUND *der neben Harry sitzt* Ganz sicher. Der Hutabsatz ist zwar angestiegen, aber nicht pari passu . . . wie unsere Nachforschungen . . .

BERT Sie sagen g e n u g – genug auf welchen Zweck bezogen?

GUNTHER Darf ich in Bezug auf Ihren zweiten Punkt fragen: Wenn Sie sagen, daß Seelen sich nicht entwickkeln, weil die Leute abgelenkt werden . . . *Schaut aus dem Fenster.* Hat irgend jemand das Gebäude da schon mal bemerkt?

Alle wenden sich zum Fenster und sehen ein Gebäude, das näherkommt und draußen in Angriffsposition gleitet.

ALLE Schluck! Was? Großer Gott!

Die Crimson General-Assekuranz

Eine Geschichte der Piraterie
in den stürmischen Gewässern
der Hochfinanz

London, England

In den rauhen Tagen des Jahres 1983, in denen England
durch die Kalmen einer ruinösen Finanzpolitik düm-
pelte, hatten die rechtschaffenen und treuen Männer der
Crimson General-Assekuranz – einst ein stolzes Fami-
lienunternehmen, das unversehens in Turbulenzen gera-
ten war – schwer zu tragen an dem Joch, das ihnen ihr
neues Konzernmanagement auferlegt hatte. . .
Hin- und hergerissen an den Banden überkommener
Anstandsformen und einsichtiger Opferbereitschaft
nahm die betagte Belegschaft endlich ihr Schicksal in
die eigenen Hände – und das hieß: MEUTEREI!
Nach kurzem, aber heftigem Kampf wurde der Anker
gelichtet, das Segel gehißt, und die Crimson General-
Assekuranz stach in die aufgepeitschte See der interna-
tionalen Hochfinanz. . .
Nach langer Fahrt lag er schließlich vor ihnen, der
Schatz, nach dem sie suchten, der höchste Zacken in der
Krone des IWF – ein Finanzzentrum überbordend von
Konzern-Multis, Maxi-Holdings und fetten aufgeblase-
nen Handelsbanken.
Verborgen in ihren Elfenbeintürmen hockte sie, die
Welt der Hochfinanz, eingebildet und selbstzufrieden,
während ihre Zukunft in Gestalt ihrer Vergangenheit
durch die gesichtslosen Glasschluchten lautlos näher
glitt – und sie kam, um furchtbar Rache zu nehmen.
Kommen, sehen und siegen hieß das Motto, wenn es

um neue Geschäftspraktiken ging, und so brachte die General-Assekuranz ein kühnes und vollkommen unerwartetes Übernahmeangebot auf den Weg.

Kurzerhand wird die Very Big Corporation *geentert und im Kampf Mann gegen Greis besiegt.*

Und dermaßen beflügelt von ihrem ersten Überraschungscoup, kämpften die verzweifelten und verständlicherweise gewalttätigen Männer der Privatversicherungsgesellschaft weiter und weiter, bis...
... die Sonne langsam im Westen versank und die Rückzahlungen auf ihre riskanten Spekulationsgeschäfte fällig wurden. Die einst so stolzen Finanzgiganten waren ruiniert – ihre Aktiva gepfändet – ihre Policen geplatzt.

Die siegreichen Angestellten segeln dahin und singen:

Wir sind die Hochfinanzpiraten,
Gestartet zum Hochstapellauf.
Wir sitzen am Reibach und warten
Und bringen Barkassen auf.
Den Profit aus unsern Produkten,
Den nennen wir Provision,
Ausgewiesen im Kleingedruckten
Als Legale Korruption!
Wir sind die Buchhaltungspiraten...

Und so... segelten sie hinein ins Hauptbuch der Geschichte – nacheinander brachen die Finanzmetropolen dieser Welt unter dem Druck ihres geschäftlichen Scharfsinns – so hätte es jedenfalls kommen müssen...
wenn gewisse moderne Ansichten... die Gestalt der Erde betreffend...
die Crimson General-Assekuranz segelt am Horizont

... sich nicht als verheerend falsch erwiesen hätten.

Das Gebäude segelt über den Horizont ... und kippt ins Nichts.

DER SINN DES LEBENS
TEIL VI
Herbst des Lebens

Äußerst elegantes Restaurant. Am Piano sitzt ein Mann im Morgenmantel. Es ist nicht Noël Coward.

NICHT NOËL COWARD Guten Abend, meine Damen und Herren. Zunächst ein kleines Lied, das ich mir neulich in der Karibik aus dem Ärmel geschüttelt hab. *Singt:*

Was wirklich Spaß macht auf der Welt, ist unser
    Penis,
So ein Gebamsel ist doch etwas Wunderschönes,
Ein Steifer ist der Gipfel,
Von Stolz und Blut geschwellt,
Vom allerkleinsten Zipfel
Bis zum größten Schwanz der Welt.

Ein dreifach Hoch auf unsern treuen Hosenspanner,
Was der sich in die Eichel setzt, das kann er:
Er macht die Mutter glücklich
Und jede Tochter froh,
Und zwar fast augenblicklich,
Im Bett und anderswo.

Nur coram publico
Da hol ihn niemals raus,
Sonst ist der Spaß für dich
Sehr bald für immer aus.
Spontaner Applaus im ganzen Restaurant.
Oh ... ich danke Ihnen vielmals.
FRAU Ach, was für ein irre komisches Lied.

Anhaltendes Klatschen.
Auftritt: Mr. Creosote.

ERSTER FISCH *im Bassin* Oh, Mist! Da ist Mr. Creosote.

Alle Fische bringen sich mit sechs Schwanzflossenschlägen in Sicherheit.

MAITRE D' Ah, willkommen, Sir, und wie geht es uns heute?

MR. CREOSOTE Besser. . .

MAITRE D' Besser?

MR. CREOSOTE Besser Sie holen einen Eimer, ich übergeb mich gleich.

MAITRE D' Gaston! Einen Eimer für Monsieur!

Man setzt ihn an seinen üblichen Tisch. Ein schimmernder Silbereimer wird neben ihm bereitgestellt, er beugt sich darüber und reihert hinein.

MAITRE D' Danke, Gaston.
Er klatscht in die Hände, und der Eimer wird weggerissen.

MR. CREOSOTE Ich bin noch nicht fertig.

MAITRE D' Oh, Pardon! Gaston! . . . Bitte tausendmal um Pardon, Monsieur. *Stellt den Eimer wieder hin.*

Der Maitre D' erläutert das Menu, während Mr. Creosote weiterreihert.

MAITRE D' Nun, heute mittag haben wir Monsieurs Leibgericht – Hasenpfeffer. Der Hase ist ä u ß e r s t deliziös und die Sauce sehr gehaltvoll: Trüffel, Anchovis, Grand Marnier, Speck und Sahne.

Mr. Creosote legt ein Päuschen ein. Der Maitre D' klatscht in die Hände als Zeichen für Gaston, den Eimer wegzuräumen.

MAITRE D' Danke, Gaston.

Mr. Creosote Da kommt noch was.

Gaston stellt schnell den Eimer wieder hin.

Maitre D' Erlauben Sie ... Einen neuen Eimer für Monsieur!
Der Maitre D' hebt den Eimer an und reicht ihn Gaston weiter. Mr. Creosote beugt sich vor und erbricht sich auf den Boden.
Und die Putzfrau!
Gaston eilt davon. Der Maitre D' ist bemüht, dem Erbrochenen aus dem Weg zu gehen und hält Mr. Creosote die Speisekarte vor.
Et maintenant, was halten Monsieur von einem Apéritif?
Creosote reihert die Speisekarte voll.
Oder würden Sie es vorziehen, gleich zu bestellen? Heute haben wir als Amuses gueules ... ähm ... wenn Sie entschuldigen ... *der Maitre D' beugt sich vor und wischt mit der Hand das Erbrochene so weit weg, daß die Worte der Karte lesbar werden* ... moules marinières, pâté de foie gras, Beluga-Kaviar, Eier »Bénédictine«, tarte de poireaux – das ist eine Lauchtorte –, Froschschenkel »Amandine« oder œufs de caille à la Richard Shepherd – c'est à dire: Wachteleierchen auf einem Bett von pürierten Pilzen, sehr delikat, sehr subtil...
Mr. Creosote Ich nehm alles.
Maitre D' Eine gute Wahl, Monsieur! Und wie hätten Sie das Ganze gern, Monsieur? Alles durcheinander in einem Eimer serviert?
Mr. Creosote Ja. Mit den Eiern obendrauf.
Maitre D' Aber selbstverständlich, avec les œufs frites.
Mr. Creosote Und knausern Sie nicht mit der Pâté.
Maitre D' Aber, Monsieur, ich darf Ihnen versichern, nur weil sie mit all den anderen Sachen vermischt ist,

würden wir doch nicht im Traum daran denken, Ihnen weniger als die volle Menge zu bringen. Im Gegenteil, ich werde mich persönlich davon überzeugen, daß Sie eine doppelte Portion bekommen. Maintenant, quelque chose à boire – etwas zu trinken, Monsieur?

MR. CREOSOTE Klar, sechs Flaschen 45er Château Latour und Champagner, 'ne Doppel-Magnum.

MAITRE D' Bon, und Starkbier, wie üblich?

MR. CREOSOTE Klar . . . Halt, warten Sie . . . ich glaub, ich schaff heut bloß sechs Kisten.

MAITRE D' Ts, ts, ts! Ich hoffe, Monsieur haben es gestern abend nicht übertrieben. . . ?

MR. CREOSOTE Schnauze!

MAITRE D' D'accord. Ah, der neue Eimer und die Putzfrau.

Gaston erscheint. Die Putzfrau geht auf die Knie. Mr. Creosote reihert sie voll. Vier Gäste an einem Nebentisch wollen aufbrechen. Der Maitre D' eilt herbei.

MAITRE D' Monsieur, stimmt irgendwas nicht mit dem Essen?

Der Maitre D' zeigt auf den Tisch mit den halbverzehrten Hauptspeisen. Die Gäste schrecken vor seiner vollgekotzten Hand zurück. Der Maitre D' bemerkt das und schüttelt ein wenig davon ab. Das trifft einen anderen Gast, der wischt sich das Auge.

GAST Das Essen war exzellent.

MAITRE D' Waren Sie vielleicht mit dem Service nicht zufrieden?

GAST Aber nein . . . nein . . . keinerlei Klagen.

SEINE GATTIN *äußerst munter* Wir müssen gehen, weil . . . nun ja, ich habe ziemlich üble Menstruationsbeschwerden.

Kurzes, peinliches Schweigen der anderen.

GAST *unterbricht das Schweigen* Und wir . . . wir müssen unseren Zug kriegen.

SEINE GATTIN *versucht, ihren Fauxpas wettzumachen* Oh! Ja! Ja . . . natürlich! Wir müssen unseren Zug kriegen . . . und ich möchte nicht erst anfangen, hier die Stühle vollzubluten.

Eine quälende Pause. Der Maitre D' ringt nach Worten.

GAST Vielleicht sollten wir jetzt wirklich gehen. . .

Sie gehen. Der Maitre D' folgt ihnen.

MAITRE D' Ganz wie Sie wünschen, Monsieur. Vielen, vielen Dank, es war sehr sehr nett, Sie zu sehen, und ich hoffe sehr, Sie bald wieder begrüßen zu dürfen. Au revoir, Monsieur.
Er stockt. Ein Ausdruck schrecklicher Gewißheit tritt ihm ins Gesicht.
Oje . . . ich bin in Monsieurs Eimer getreten.
Der Maitre D' klatscht in die Hände.
Noch einen Eimer für Monsieur.
Mr. Creosote speit dem Maitre D' übers Bein.
Und einen Schlauch vielleicht. . .

Einem Herrn an einem anderen Tisch kommt es leicht hoch.

SEINE BEGLEITERIN Max, also wirklich!

An einem weiteren Tisch hat sich ein Gast bereits übergeben. Seine Mutter und sein Bruder starren ihn etwas entsetzt an. In der Zwischenzeit hat Mr. Creosote alles in sich hineingestopft. Der Maitre D' nähert sich ihm mit einem Silbertablett.

MAITRE D' Und zum Abschluß, Monsieur, ein oblatendünnes Pfefferminzplätzchen.

MR. CREOSOTE Nein!

MAITRE D' Oh, Sir, nur ein ganz winziges, kleines, dünnes. . .

MR. CREOSOTE Nein! Hau ab – ich bin voll . . . *Rülpst.*

MAITRE D' Oh, Sir, es ist bloß hauchdünn. . .

MR. CREOSOTE Hör zu – ich kann nichts mehr essen. Ich bin gestopft voll. Schleich dich.

MAITRE D' Ach, Sir, bloß . . . bloß eins. . .

MR. CREOSOTE Geht in Ordnung. Bloß eins.

MAITRE D' Nur dies eine, Sir, voilà . . . bon appétit. . .

Der Maitre D' schafft es irgendwie, Mr. Creosote das Pfefferminzplätzchen noch in den Mund zu stopfen. Der schluckt es runter. Mit einem Hechtsprung bringt sich der Maitre D' hinter einigen Topfblumen kauernd in Deckung. Man hört ein geheimnisvolles Geräusch, als ob etwas reiße. Mr. Creosote schaut ziemlich hilflos aus: sein enormer Leib bläht sich noch mehr und immer weiter auf und explodiert dann, wodurch er Kellner, Gäste und Techniker mit einem wirklich ekelerregenden Gemisch aus halbverdauter Nahrung, Eingeweiden und Körperteilen bedeckt. Alle müssen brechen.

MAITRE D' *kommt zurück an Mr. Creosotes Tisch* Vielen Dank, Sir, hier ist die Rechnung.

DER SINN DES LEBENS
TEIL VI B
Der Sinn des Lebens

Wenig später.
Die Putzfrau wischt noch immer kniend die Reste von Mr.
Creosote auf. Der Maitre D' zündet sich nachdenklich eine
Zigarette an.

MAITRE D' Weißt du, Maria, bisweilen frag ich mich, ob
   wir je herausfinden werden, was das Ganze soll, an so
   einem Ort wie diesem hier zu arbeiten.

MARIA *achselzuckend* Ach, ich habe an übleren Orten
   gearbeitet . . . philosophisch gesprochen.

MAITRE D' Ist das wahr, Maria?

MARIA *steht auf* Ja, zum Beispiel die Arbeit an der
   Académie française,
   Da kam für mich auch nichts Gescheites bei raus. . .
   Oder damals, Madrid, der Prado, in der Bibliothek –
   So dumm wie ich reinkam, verließ ich das Haus. . .
   Auch in der Kongress-Bibliothek fand Aufschluß ich
   nie. . .
   Ebensowenig wie in der Bodleian Library.
   Im Britischen Museum, da hofft ich auf Erleuch-
   tung –
   Doch erlebte bloß die nächste Enttäuschung.
   Ich rackerte von neun bis sechs, las mich durch alle
   Bände –
   Alt wurd ich dabei und kam doch zu keinem Ende.
   Die Augen wollten nicht mehr, die Hände wurden
   gichtig,
   Deshalb mach ich hier jetzt sauber, und ich find das
   auch richtig:

Denn irgendwie ist das Leben doch nur ein Spiel,
Du gewinnst, du verlierst, alles gleichviel,
Und hab ich auch sonst schon keinen Nutzen,
Brauch ich doch wenigstens nicht bei Juden zu
    putzen...

*Der Maitre D' stülpt ihr den Eimer über den Kopf und
spricht höchst erregt in die Kamera.*

MAITRE D' Es tut mir so leid ... ich hatte ja keine
Ahnung, daß hier eine Rassistin arbeitet ... Ich bitte
um Verzeihung, aus tiefstem Herzen ... Ich
meine ... – Wo wollen Sie denn hin ...? Ich kann
alles erklären ... Oh, quel dommage. ...

*Die Kamera schwenkt vom Maitre D' weg zu Gaston, der
eine Zigarette raucht.*

GASTON Also, für mich ... wenn es Sie interessiert, was
ich so denke ... Ich möchte Ihnen was zeigen ...
kommen Sie mit...

MAITRE D' *außerhalb des Bildes* Ich sagte gerade, daß ...
Hallo ...! Hallo ...! Haaallooo ...!

GASTON Kommen Sie ... hier lang.

*Er nickt der Kamera zu und geht aus dem Restaurant. Die
Kamera folgt ihm.*

MAITRE D' *im Off* Ich kann alles erklären!

GASTON Kommen Sie – nicht so schüchtern! Vorsicht,
Stufen... So ist's recht. Ich glaube, das wird helfen,
einiges zu erklären.

Er geht durch die Stadt.

GASTON Kommen Sie weiter ... weitergehen ... hier
herüber ... Weiter ... weiter ... Hier lang ...
und weiter. Bleiben Sie dicht hinter mir, ja? Wir
sind fast da.

Endlich kommt Gaston über einen Hügel und nickt hinunter zu einer strohgedeckten Hütte, die sich idyllisch ins Tal kuschelt. Rauch steigt aus dem Schornstein.

Sehen Sie das? Da bin ich geboren. Und, sehen Sie, eines Tages, als ich noch ein kleiner Junge war, nahm mich meine Mutter auf den Schoß, und sie sagte zu mir: »Gaston, mein Sohn. Die Welt ist wunderschön. Du mußt hinausgehen in die Welt und jeden liebhaben, keinen hassen. Du mußt versuchen, alle Welt glücklich zu machen und Frieden und Freude zu bringen, wo immer du hinkommst.« Und so . . . wurde ich Kellner.

Es folgt eine ziemlich lange Pause, während der Gaston ziemlich selbstmitleidig dreinschaut und schüchtern der Kamera zunickt.

Na ja . . . es ist . . . es ist irgendwie keine richtige Philosophie, weiß ich . . . Aber . . . na ja . . . leckt mich doch . . . Ich kann mein eigenes Leben leben, auf meine eigene Weise, wie's mir paßt . . . Haut ab! Und kommt mir ja nicht nachgelaufen!

Der Tod

Ein mächtiger, alter Laubbaum.

VERZWEIFELTE MÄNNERSTIMME Ich kann einfach nicht mehr, zu nichts bin ich mehr gut . . . adieu . . . adieu . . . aaaah . . . aaaah!

Ein Blatt fällt zu Boden.

VERZWEIFELTE FRAUENSTIMME O mein Gott! Was soll ich machen? Ich kann ohne ihn nicht leben . . . Ich . . . aaaah!

Noch ein Blatt fällt.

VERZWEIFELTE KINDERSTIMMEN Mammi . . . Mammi . . . Mammi . . . Pappi . . .

Zwei weitere Blätter fallen.

WEITERE VERZWEIFELTE STIMMEN O nein! Aaaah!

Alle verbliebenen Blätter fallen auf einen Schlag.

Szenenwechsel: Ein Mann auf der Flucht vor barbusigen Frauen mit Sturzhelmen.

SPRECHER Dieser Mann muß sterben, in wenigen Augenblicken wird er getötet. Denn Arthur Jarrett ist ein zum Tode verurteilter Verbrecher, dem erlaubt wurde, die Art der Vollstreckung selbst zu wählen.

GOUVERNEUR *an einem offenen Grab unterhalb einer Klippe* Arthur Charles Herbert Runcie MacAdam Jarrett, Sie sind von zwölf unbescholtenen Bürgern glaubhaft des Kapitalverbrechens beschuldigt, grundlos sexistische Witze in einem Kinofilm gemacht zu haben.

Jarrett stürzt von der Klippe in den Tod und in das offene Grab. Unten wartet bereits die Trauergemeinde, während oben die Furien stolz ihr Werk begutachten.

PATER Asche zu Asche, Staub zu Staub. . .

An dieser Stelle übernimmt Ingmar Bergmann die Regie dieses Films und beschwört Erinnerungen an seine größten Low-Budget-Triumphe herauf.
Kahle, sturmgebeugte Bäume zeichnen sich als schwarze Silhouette deutlich ab vor einem . . . aber das kennen Sie ja. Außerdem jede Menge guter Sound-Effekte: Heulen von Wind, Heulen von Hunden, Heulen von säbelzähnigen Feldmäusen. Dann sehen wir ihn: den Grimmen Schnitter. Er ist in eine schwarze Mönchskutte gehüllt mit einem sackleinernen Suspensorium und trägt . . . eine Sense. Er materialisiert sich vor einer niederen Hütte und klopft mit seiner Sense an die Tür. Geoffrey, Marketingdirektor bei Uro-Pacific Ltd., öffnet die Tür. Von drinnen hört man die Geräusche einer Dinnerparty.

GEOFFREY Ja?
Pause. Todesröcheln des Schnitters. Geoffrey betrachtet die enorme Sense.
Kommen Sie wegen der Hecke?
Weiteres Todesröcheln.
Hören Sie, es tut mir furchtbar leid, aber . . .
GRIMMER SCHNITTER Ich bin der Grimme Schnitter.
GEOFFREY Wer?
GRIMMER SCHNITTER Der Grimme Schnitter.
GEOFFREY Ah ja, ich verstehe. . .
GRIMMER SCHNITTER Ich bin der Tod.

GEOFFREY Ja, so, die Sache ist die, wir haben ein paar Leute aus Amerika zum Abendessen. . .

Geoffreys Frau Angela kommt zur Tür, um zu sehen, wer da ist. Sie ruft:

ANGELA Wer ist es denn, Liebling?

GEOFFREY Ein Mr. Tod oder so ähnlich . . . er ist Schnitter . . . *Zum Schnitter* Ich fürchte, im Moment haben wir keinen Bedarf.

ANGELA *tritt näher* Hallo! Nun laß ihn doch nicht draußen rumstehen, Liebling, bitte ihn herein.

GEOFFREY Liebling, ich glaube, es ist nicht ganz der richtige Zeitpunkt. . .

ANGELA Kommen Sie ruhig rein. Nehmen Sie doch einen Drink. Nun kommen Sie schon. . .
Sie geht zurück zu ihren Gästen.
Es ist einer von den Leutchen aus dem Dorf . . . Treten Sie doch näher, ich bitte Sie. Darf ich Ihnen Howard Katzenberg vorstellen, aus Philadelphia. . .

KATZENBERG Hi!

ANGELA Und seine Gattin Debbie.

DEBBIE Halli-hallo!

ANGELA Und das sind Jeremy und Fiona Portland-Smythe.

FIONA Guten Abend!

ANGELA Das ist Mr. Tod. . .
Eine Pause ziemlicher Ratlosigkeit.
Nun biete Mr. Tod schon einen Drink an, Liebling.

Der Grimme Schnitter schaut etwas verdutzt.

ANGELA Mr. Tod ist Schnitter.

GRIMMER SCHNITTER Der Grimme Schnitter.

ANGELA Kein Wunder bei dem Wetter, ha, ha, ha. . .

Allgemeine Heiterkeit.

KATZENBERG Also, Sie schnittern hier so rum, Mr. Tod?

GRIMMER SCHNITTER Ich bin der Grimme Schnitter.

GEOFFREY *sotto voce* Das ist praktisch alles, was er sagt . . . *Laut* Da ist Ihr Drink, Mr. Tod.

ANGELA Setzen Sie sich doch.

DEBBIE Wir sprachen gerade über einige der schrecklichen Probleme, angesichts der. . .

Der Grimme Schnitter fegt sein Glas vom Tisch. Sprachloses Erstaunen.

ANGELA Hätten Sie lieber Weißen? Ich fürchte, Bier haben wir keins mehr.

JEREMY Der Stilton ist sehr zu empfehlen.

GRIMMER SCHNITTER Ich bin nicht von dieser Welt.

Er geht mitten durch den Tisch. Alle halten den Atem an.

GEOFFREY Großer Gott!

Man könnte eine Stecknadel zu Boden fallen hören.

GRIMMER SCHNITTER Ich bin der Tod.

DEBBIE *fängt sich schnell* Ist das nicht ein merkwürdiger Zufall? Gerade vor fünf Minuten haben wir noch über den Tod gesprochen.

ANGELA Ja, allerdings. Ob der Tod wirklich . . . das Ende ist . . .

DEBBIE . . . wie mein Mann es empfindet, Howard hier, oder ob da etwas . . . bleibt . . . man mag Worte wie »Seele« oder »Geist« ja kaum noch in den Mund nehmen. . .

JEREMY Aber wie sollte man das sonst nennen. . .

GEOFFREY Eben. . .

GRIMMER SCHNITTER Ihr begreift nicht.

DEBBIE Äh, nein . . . offenbar nicht.

KATZENBERG Darf ich Ihnen mal was sagen, Mr. Tod. . .

GRIMMER SCHNITTER Ihr begreift nicht!

KATZENBERG Einen Moment . . . Ich würde gern im Namen aller zum Ausdruck bringen, was für eine einmalige Erfahrung dies für uns ist. . .

JEREMY Hört, hört!

ANGELA Ja, wir sind richtig froh, daß Sie vorbeigeschaut haben, Mr. Tod. . .

KATZENBERG Darf ich bitte mal ausreden. . .

DEBBIE Mr. Tod . . . gibt es ein Leben danach?

KATZENBERG Liebling, wenn du bitte einen Moment abwarten würdest. . .

ANGELA Sind Sie sicher, daß Sie keinen Sherry möchten?

KATZENBERG Angela, ich möchte das jetzt bitte sagen dürfen. . .

GRIMMER SCHNITTER Seid still!

KATZENBERG Kann ich das jetzt bitte mal sagen.

GRIMMER SCHNITTER Ruhe! Ich bin euretwegen gekommen.

Er schaut in die Runde.
Pause, während das wirkt. Seitenblicke. Ein gequetschter Furz.

ANGELA Sie meinen, um. . .

GRIMMER SCHNITTER . . . euch mit mir zu nehmen. Das ist meine Bestimmung. Ich bin der Tod.

GEOFFREY Ach, das wirft wirklich einen Schatten auf den schönen Abend, findet ihr nicht?

KATZENBERG Ich sehe das etwas anders, Geoffrey, darf ich Ihnen mal sagen, warum – hier handelt es sich, meiner Meinung nach, um einen möglicherweise sehr heilsamen Lernprozeß. . .

GRIMMER SCHNITTER Halt deinen Mund, Amerikaner! Ihr redet immer, ihr Amerikaner, ihr redet und redet und sagt »Ich will Ihnen eines sagen« und »Ich will nur folgendes sagen«. So, nun bist du tot, also Klappe!

KATZENBERG Tot?

GRIMMER SCHNITTER Tot.

ANGELA Wir alle?

GRIMMER SCHNITTER Ihr alle.

GEOFFREY *springt auf* Na, hören Sie mal, Sie platzen hier rein, völlig ungebeten, zerbrechen Gläser und verkünden dann ganz beiläufig, daß wir alle tot sind. Ich darf Sie wohl daran erinnern, daß Sie Gast in diesem Hause sind, und. . .

Der Grimme Schnitter sticht ihm seinen knöchernen Finger voll ins Auge.

GRIMMER SCHNITTER Sei ruhig, Engländer. Ihr tut alle so verdammt vornehm und dabei hat nicht einer von euch Haare am Sack.

DEBBIE Darf ich Sie was fragen?

GRIMMER SCHNITTER Was?

DEBBIE Wie können wir denn alle gleichzeitig gestorben sein?

Spannungsvolle Stille, in der Debbie triumphierend in die Runde sieht.

GRIMMER SCHNITTER *zeigt darauf* Die Lachsmousse!

Alle glotzen.

GEOFFREY *zu Angela* Liebling, du hast doch keinen Büchsenlachs genommen, oder?

ANGELA *zu Tode beschämt* Es ist mir wirklich wahnsinnig peinlich. . .

GRIMMER SCHNITTER Eure Zeit ist gekommen. Kommt . . . folget mir!

Geoffrey geht plötzlich mit einem Revolver auf ihn los. Er feuert vier Schüsse aus knapp einem Meter Entfernung auf den Grimmen Schnitter ab. Sie gehen durch ihn hindurch. Pause. Alle sind peinlich berührt.

GEOFFREY Tut mir leid . . . wollte bloß . . . mal probieren . . . tut mir leid . . . *Er setzt sich.*

GRIMMER SCHNITTER Folget mir. Jetzt!

Alle fallen auf Kommando tot um. Die Kerzen flackern und erlöschen.

GRIMMER SCHNITTER Kommt!

Aus den Körpern steigen geisterhafte Formen auf und folgen dem Grimmen Schnitter.

ANGELA Der Fischhändler hatte mir doch extra versichert, daß er frischen Lachs haben würde, und normalerweise ist er so verläßlich. . .

JEREMY Dürfen wir unsere Gläser mitnehmen?

FIONA Gute Idee.

DEBBIE Hey, ich hab überhaupt nicht von der Mousse gegessen. . . !

Sie folgen dem Grimmen Schnitter vors Haus.

ANGELA Ehrlich, Liebling, es ist mir so peinlich . . . Ich meine, einen solchen Lachs zum Dinner zu servieren, das ist der gesellschaftliche Tod. . .

JEREMY Sollen wir unsere Wagen nehmen?

GEOFFREY Warum nicht?

Zum mäßigen Erstaunen des Grimmen Schnitters folgt man ihm in den Himmel in einem Porsche, einem Jensen und einem Volvo.

GRIMMER SCHNITTER Sehet . . . das Paradies!

Der Himmel sieht einem Holiday Inn zum Erschlagen ähnlich.

MR. HENDY *an der Rezeption* Mir gefällt's hier, Liebling.

MRS. HENDY Mir auch, Marvin. *Ab.*

EMPFANGSDAME Hallo, willkommen im Himmel. Entschuldigung, wenn Sie bitte hier unterschreiben wollen, Sir. Danke sehr. Wir haben einen Tisch für Sie drüben im Restaurant. Für die Damen. . .

FIONA *liest auf der Konfektschachtel, die sie bekommen hat* »After Life Mints«.

EMPFANGSDAME Fröhliche Weihnachten!

DEBBIE Ach, ist heute Weihnachten?

EMPFANGSDAME Selbstverständlich, Madam, im Himmel ist jeden Tag Weihnachten.

DEBBIE Na, was sagt man dazu?!

Ein Restaurant im Himmel. Alle Personen, die im Film gestorben sind, sind hier versammelt: Mrs. Bloke, der verwundete Kopf und weitere Soldaten, die Kinder aus Yorkshire usw. usf. Dazu ein paar der barbusigen Mädels mit Sturzhelmen, weil . . . aber müssen wir das extra erklären? Auf einer Bühne tritt auf:

TONY BENNETT Guten Abend, meine Damen und Herren, es ist wahrhaftig ein unbezahlbares Erlebnis, heute abend hier zu sein, und ein bewegender Augenblick für uns alle, und ich möchte jetzt ein Lied singen – für euch alle! *Singt:*

Heiligabend im Himmel,
Ihr Kinderlein singt mit!
Hört nur das Gebimmel,
Ihr Kindlein singt mit!

Heiligabend im Himmel,
Ist der Schnee auch aus Gips,
Hauptsache wir haben's warm,

Und jeder trägt einen Schlips!

Heiligabend im Himmel –
Alle Mann ans Gerät:
jeden Tag drei Teile »Sissy«
Und »Vom Winde verweht«!

Für die Familie Geschenke:
Ein neues Sony-Video,
Kosmetik, Pralinen
Und »Super Mario«!

Heut' ist wieder Heiligabend im Himmel
Und gestern sowieso,
Ihr Kinderlein kommet,
Singt mit und seid froh!

Heut' ist wieder Heiligabend im Himmel
Und morgen sowieso!
Ihr Kinderlein kommet
In dulci jubilo!

Doch bevor dieser Chor zu Ende ist, wird das Fernsehgerät ausgeschaltet, und das ganze Bild zieht sich zum Mittelpunkt zusammen; wir müssen feststellen, daß wir mit der Dame aus der Mitte-des-Films ferngesehen haben.

MODERATORIN *brüsk* So, das ist das Ende des Films, und hier ist nun der Sinn des Lebens.
Ihr wird ein goldener Umschlag gereicht. Sie öffnet ihn geschäftsmäßig.
Dank dir, Brigitte. *Sie liest kurz für sich.* ...Na ja, nichts besonderes eigentlich. Versuchen Sie, nett zu anderen zu sein, vermeiden sie fettes Essen, lesen Sie hin und wieder mal ein gutes Buch, verschaffen Sie sich genügend Bewegung und bemühen Sie sich, mit Menschen aller Nationen und Religionen in Frieden

und Eintracht zusammenzuleben. Zum Abschluß und als kleine Belohnung haben wir hier noch ein paar Fotos von Penissen, um die Zensur zu ärgern und irgendeine Art von Kontroverse zu entfachen, was heutzutage anscheinend die einzige Möglichkeit ist, dies abgeschlaffte, videogeschädigte Publikum dazu zu kriegen, seinen lahmen Arsch in Bewegung zu setzen und zwar ins nächste lahmarschige Kino. Unterhaltung für die ganze Familie? Das nervt doch total! Was die wollen, ist Schund: Leute, die sich auf Tupper-Partys mit Kettensägen was antun, Babysitter, die von schwulen Präsidentschaftskandidaten mit Stricknadeln erdolcht werden, militante Bürgerwehren, die Küken strangulieren, bewaffnete Banden von Theaterkritikern, die mutierte Ziegen exterminieren. . . – Wo bleibt denn da der Spaß im Kino? Na ja, das war's – Hier ist unsere Erkennungsmelodie. Gute Nacht.

DARSTELLER

In der Reihenfolge ihres Auftretens

Erster Fisch	Graham Chapman
Zweiter Fisch	John Cleese
Dritter Fisch	Terry Gilliam
Vierter Fisch	Eric Idle
Fünfter Fisch	Terry Jones
Sechster Fisch	Michael Palin
Creosotesker Mann	George Silver
Sänger: »Der Sinn des Lebens«	Eric Idle
Mrs. Moore	Valerie Whittington
Erste Krankenschwester	Judy Loe
Zweite Krankenschwester	Imogen Bickford Smith
Erster Arzt	Graham Chapman
Zweiter Arzt	John Cleese
Mr. Moore	Eric Idle
Verwaltungschef	Michael Palin
Vater	Michael Palin
Mutter	Terry Jones
Priester	Terry Jones
Braut	Jennifer Franks
Bräutigam	Andrew Maclachlan
Mr. Blackitt	Graham Chapman
Mrs. Blackitt	Eric Idle
Martin Luther	Terry Jones
Hymie	Michael Palin
Mutter	Graham Chapman
Töchter	Victoria Plum
	Anne Rosenfeld
Rektor	John Cleese
Kaplan	Michael Palin
Wymer	Graham Chapman
Biggs	Terry Jones
Carter	Michael Palin
Watson	Eric Idle
Mrs. Williams	Patricia Quinn
Captain Biggs	Terry Jones
Blackitt	Eric Idle

SPADGER . . . . Michael Palin
WALTERS . . . . Terry Gilliam
STURRIDGE . . . . John Cleese
HORDERN . . . . Graham Chapman
GENERAL . . . . Graham Chapman
SERGEANT MAJOR . . . . Michael Palin
ATKINSON . . . . Eric Idle
COLES . . . . Graham Chapman
WYCLIFF . . . . Andrew Maclachlan
PAKENHAM-WALSH . . . . Michael Palin
AINSWORTH . . . . John Cleese
CHADWICK . . . . Simon Jones
PERKINS . . . . Eric Idle
LIVINGSTONE . . . . Graham Chapman
SERGEANT . . . . Terry Jones
EIN MUNTERER COCKNEY . . . . Andrew Maclachlan
EIN VERLETZTER KOPF . . . . Mark Holmes
EIN WEITERER SCHWERSTVERWUNDETER . . . . Eric Idle
VORDERTEIL . . . . Eric Idle
HINTERTEIL . . . . Michael Palin
ZULU-ANSAGER . . . . Terry Gilliam
MODERATORIN . . . . Michael Palin
MANN . . . . Terry Jones
FRAU . . . . Graham Chapman
ELEFANT . . . . Mark Holmes
MR. HENDY . . . . Michael Palin
MRS. HENDY . . . . Eric Idle
JOELINE . . . . Terry Gilliam
KELLNERIN . . . . Carol Cleveland
KELLNER . . . . John Cleese
MR. BLOKE . . . . Terry Gilliam
ERSTER MANN . . . . John Cleese
ZWEITER MANN . . . . Graham Chapman
MRS. BLOKE . . . . Terry Jones
JUNGER MANN . . . . Peter Løvstrom
DISTINGUIERTER SÄNGER IN ROSA . . . . Eric Idle
NOËL COWARD* . . . . Eric Idle
MR. CREOSOTE . . . . Terry Jones
MAITRE D' . . . . John Cleese
GASTON . . . . Eric Idle
ERSTER GAST . . . . Graham Chapman

* NICHT DER NOËL COWARD, NATÜRLICH

ZWEITER GAST	Mark Holmes
FRAU VOM ERSTEN GAST	Carol Cleveland
FRAU VOM ZWEITEN GAST	Angela Mann
DRITTER GAST	Andrew Maclachlan
PUTZFRAU	Terry Jones
GOUVERNEUR	Michael Palin
ARTHUR JARRET	Graham Chapman
PATER	Michael Palin
GRIMMER SCHNITTER	John Cleese
GEOFFREY	Graham Chapman
ANGELA	Eric Idle
JEREMY	Simon Jones
FIONA	Terry Jones
KATZENBERG	Terry Gilliam
DEBBIE	Michael Palin
EMPFANGSDAME	Carol Cleveland
TONY BENNETT**	Graham Chapman

sowie

Sydney Arnold
Ross Davidson
Eric Francis
Russell Kilminster
Peter Merrill
Larry Noble
John Scott Martin
Guy Bertrand
Myrtle Devenish
Matt Frewer
Peter Mantle
Cameron Miller
Paddy Ryan
Eric Stovell
Andrew Bicknell
Tim Doublas
Billy John
Len Marten
Gareth Milne
Leslie Sarony
Wally Thomas

in
Die Crimson General-Assekuranz

** NICHT *DER* TONY BENNETT, NATÜRLICH

STAB

REGIE . . . . Terry Jones
DREHBUCH . . . . Graham Chapman
. . . . John Cleese
. . . . Terry Gilliam
. . . . Eric Idle
. . . . Terry Jones
. . . . Michael Palin
REGIE DER »CRIMSON GENERAL-ASSEKURANZ« SOWIE
ALLER TRICKFILM-SEQUENZEN . . . . Terry Gilliam
KAMERA . . . . Peter Hannan B.S.C.
SCHNITT . . . . Julian Doyle
AUSSTATTUNG . . . . Harry Lange
KOSTÜME . . . . Jim Acheson
CHOREOGRAPHIE . . . . Arlene Phillips
MASKE UND FRISUREN . . . . Maggie Weston
SPECIAL EFFECTS SUPERVISOR . . . . George Gibbs
PRODUZENT . . . . John Goldstone

sowie

Roger Pratt (Kamera), John Beard (Art Director), Elaine Carew (Maske),
Maureen Stephenson, Sallie Evans (Frisuren), Joyce Stoneman (Kostüme),
John Du Prez (Musik) in: Die Crimson General-Assekuranz

APPENDIX

SÄMTLICHE LIEDER
im Originalton

MEANING OF LIFE

Why are we here, what is life all about?
Is God really real, or is there some doubt?
Well tonight we're going to sort it all out,
For tonight it's the Meaning of Life.

What's the point of all these hoax?
Is it the chicken and egg time, are we just yolks?
Or perhaps we're just one of God's little jokes,
Well ça c'est the Meaning of Life.

Is life just a game where we make up the rules,
While we're searching for something to say,
Or are we just simply spiralling coils
Of self-replicating DNA?

What is life? What is our fate?
Is there Heaven and Hell! Do we reincarnate?
Is mankind evolving or is it too late?
Well tonight here's the Meaning of Life.

For millions this life is a sad vale of tears,
Sitting round with really nothing to say,
While scientists say we're just simply spiralling coils
Of self-replicating DNA.

So just why, why are we here?
And just what, what do we fear?
Well ce soir, for a change, it will all be made clear,
For this is the Meaning of Life –
C'est le sens de la vie –
This is the Meaning of Life.

Musik: Eric Idle/John Du Prez
Text: Eric Idle

Every sperm is sacred

There are Jews in the world,
There are Buddhists,
There are Hindus and Mormons and then,
There are those that follow Mohammed,
But I've never been one of them. . .

I'm a Roman Catholic,
And have been since before I was born,
And the one thing they say about Catholics,
Is they'll take you as soon as you're warm.

You don't have to be a six-footer,
You don't have to have a great brain,
You don't have to have any clothes on –
You're a Catholic the moment Dad came. . .
Because:

Every sperm is sacred,
Every sperm is great,
If a sperm is wasted,
God gets quite irate.

Let the heathen spill theirs,
On the dusty ground,
God shall make them pay for
Each sperm that can't be found.

Hindu, Taoist, Mormon,
Spill theirs just anywhere,
But God loves those who treat their
Semen with more care.

Every sperm is sacred,
Every sperm is good,
Every sperm is needed,
In your neighbourhood.

Every sperm is useful,
Every sperm is fine,
God needs everybody's,
Mine!
And mine!
And mine!

Let the Pagan spill theirs,
O'er mountain, hill and plain,
God shall strike them down for
Each sperm that's spilt in vain.

Every sperm is sacred. . .

Musik: David Howman/Andre Jacquemin
Text: Michael Palin/Terry Jones

GALAXY SONG

Whenever life gets you down, Mrs Brown,
And things seem hard or tough,
and people are stupid, obnoxious or daft
and you feel that you have quite enough. . .

Just remember that you're standing on a planet that's evolving
And revolving at 900 miles an hour,
That's orbiting at 19 miles a second, so it's reckoned,
A sun that is the source of all our power.
The sun an you an me and all the stars that we can see,
Are moving at a million miles a day
In an outer spiral arm, at 40,000 miles an hour,
Of the galaxy we call the Milky Way.

Our galaxy itself contains 100 billion stars
It's 100,000 light years side to side.
It bulges in the middle, 16,000 light years thick
But out by us it's just 3,000 light years wide.
We're 30,000 light years from galactic central point,
We go round every 200 million years
And our galaxy is only one of millions of billions
In this amazing and expanding Universe.

The Universe itself keeps on expanding and expanding
In all of the directions it can whizz
As fast as it can go, at the speed of light you know,
12 million miles a minute, and that's the fastest speed there is.
So remember when you're feeling very small and
    insecure
How amazingly unlikely is your birth
And pray that there's intelligent life somewhere up in space
Because there's bugger all down here on earth.

Musik: Eric Idle/John Du Prez
Text: Eric Idle

Accountancy Shanty

It's fun to charter an accountant
And sail the wide accountan-cy
To find, explore the funds offshore
And skirt the shoals of bankruptcy.

It can be manly in insurance;
We'll up your premium semi-annually,
It's all tax-deductible,
We're fairly incorruptible,
Sailing on the wide accountan-cy.

Musik: Eric Idle/John Du Prez
Text: Eric Idle/John Du Prez

Penis Song

Isn't it awfully nice to have a penis,
Isn't it frightfully good to have a dong?
It's swell to have a stiffy,
It's divine to own a dick.
From the tiniest little tadger,
To the world's biggest prick.

So three cheers for your Willy or John Thomas,
Hooray for your one-eyed trouser snake,
Your piece of pork, your wife's best friend,
Your Percy of your cock,
You can wrap it up ribbons,
You can slip it in your sock,
But don't take it out in public,
Or they will stick you in the dock,
And you won't come back.

Text: Eric Idle
Musik: Eric Idle

CHRISTMAS IN HEAVEN

It's Christmas in Heaven,
All the children sing,
It's Christmas in Heaven,
Hark hark those church bells ring.

It's Christmas in Heaven,
The snow falls from the sky. . .
But it's nice and warm and everyone
Looks smart and wears a tie.

It's Christmas in Heaven,
There's great films on TV. . .
›The Sound of Music‹ *twice* an hour
And ›Jaws‹ I, II *and* III.

There's gifts for all the family,
There's toiletries and trains,
There's Sony Walkman Headphone sets
And the latest video games!

It's Christmas it's Christmas in Heaven,
Hip hip hip hip hip hooray,
Every single day,
Is Christmas Day!

Musik: Eric Idle
Text: Terry Jones

Julian Barnes

"Befreiend, erweiternd...wunderbar." DIE ZEIT

Foto: Peter Peitsch, Hamburg

**Eine Geschichte der Welt
in 10¹/₂ Kapiteln**
Ein Haffmans-Buch bei Heyne
01/8643

Flauberts Papagei
Roman
Ein Haffmans-Buch bei Heyne
01/8726

Das Stachelschwein
Roman
Ein Haffmans-Buch bei Heyne
01/8826

Vor meiner Zeit
Roman einer Eifersucht
Ein Haffmans-Buch bei Heyne
01/9085

Wilhelm Heyne Verlag
München

HEYNE
BÜCHER

Haffmans-Bücher
bei Heyne

Julian Barnes

FLAUBERTS
PAPAGEI

ROMAN

01/8726

Außerdem lieferbar:

Gisbert Haefs
Hannibal
Der Roman Karthagos
01/8628

Julian Barnes
**Eine Geschichte der Welt
in 10½ Kapiteln**
01/8643

Max Goldt
Die Radiotrinkerin
01/8739

Gerhard Mensching
Die abschaltbare Frau
01/8755

Flann O'Brien
In Schwimmen-Zwei-Vögel
01/8771

Carl Djerassi
Cantors Dilemma
01/8782

Robert Gernhardt
Die Toscana-Therapie
01/8798

Wilhelm Heyne Verlag
München

Anthony Burgess

Brillante Romane eines bitterbösen literarischen Zeit-
kritikers.

Das Uhrwerk-Testament
01/5124

Uhrwerk Orange
01/6777

Der Fürst der Phantome
01/8285

Rom im Regen
01/8354

Wilhelm Heyne Verlag
München

Joe Keenan

"Joe Keenan hat der vornehmen Gesellschaft einen Spiegel
vorgehalten. Seine Seitenhiebe auf schicke Wichtigtuer und
kriminelle Neureiche sind bissig und treffend."

THE NEW YORK TIMES

01/8727

Außerdem erschienen:

Auf in´s Ritz
Ein schriller Roman
01/9055

Wilhelm Heyne Verlag
München

DEIX

„Ich sammle Deix-Karikaturen, die in ihrer Drastik, in ihrer
Bestimmtheit, in ihrem starken Ausdruck von einer
besonderen Qualität sind."

Dr. Fred Sinowatz,
österreichischer Bundeskanzler

Mein Tagebuch
Heyne-Taschenbuch
01/7654

Mein böser Blick
Heyne-Taschenbuch
01/7924

Meine h(g)eile Welt
Heyne-Taschenbuch
01/7837

**Aus meinem
prallen Leben**
Heyne-Taschenbuch
01/8026

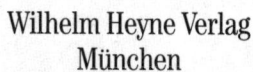

Wilhelm Heyne Verlag
München